JN113296

聖化の再発見

ジパング篇

焚き火を囲む仲間たち

解説／横田法路　書評／原田彰久
　　　　　　　　　　　　久保木聡
対話／小平牧生
　　　石田聖実
　　　岩上祝仁
　　　錦織　寛

大頭眞一［編著］

YOBEL,Inc.

まえがき

昨年2022年に出版された『聖化の再発見』（いのちのことば社、英国ナザレン神学校著、大頭眞一と焚き火を囲む仲間たち訳）は、きよめ派諸教会から、おおむね好意的に迎えられたと感じています。その骨組みは、①体験中心ではなく、神と人との関係中心に、②個人主義的ではなく、共同体としての教会の聖化、③内面だけではなく、世界の破れをつくろうために、④プルーフテキストとしてではなく、神の大きな物語としての聖書、といった諸点です。

同時に、この関係論的なホーリネスを日本に根づかせるためにはどうしたら？との声も聞こえてきました。もちろんこれには即効性のある解答などありません。十九世紀ホーリネス運動が積み重ねてきた説教や賛美歌、デボーションブックや習慣はそれほどの物量に達しているからです。けれども、だからこそ、関係論的な聖化についてもそんな地道な積み重ねを始めるときです。

ペリコレーシスという言葉があります。カイザリアのバシレイオス（330-379）が、三位一体の神を表すのに用いたとされている言葉。相互内在性とか相互浸透と訳されるのですが、大胆にもdancing among each otherと表現されることもあります。父と子と聖霊がたがいに交わりのうちに踊る！　それはあまりにも調和したダンスなので一体にも見える愛のダンス。次頁図のようなシンボルが用いられることもあります。

聖化とはこの三位の神のダンスに招き入れられること。神と共に、仲間と共に、愛にうつつを抜かし、我を忘れて踊ること。最初はたどたどしいステップ。仲間の足を踏んだり、踏まれたり。けれども踊り続けるうちに、必要な筋肉ができてきます。仲間とアイコンタクトが取れるようになります。大胆に身を預け、預けられ、ダンス・ダンス・ダンス！

この本は、そんな関係論的な聖化の定着のために編まれました。説教や論文、対談に書評と、さまざまなスタイルで、届く言葉を模索しています。ご協力くださったみなさま、特に対話篇で胸を貸してくださった方がたに心から感謝いたします。文字起こしや校正にはいつものように焚き火を囲む仲間たちがあたってくださいました。また今回もヨベルの安田正人社長ご夫妻が快く出版を承知してくださいました。心から祝福を祈るものです。

みなさまのダンスがますます軽やかでありますように。

２０２３年11月

聖化の再発見——ジパング篇

目次

3　対話篇　*117*

4　書評　『聖化の再発見　上・下』　*193*

「ジパング篇」解説

日本イエス・キリスト教団 福岡教会牧師
横田法路

本書の著者である大頭眞一氏は、2022年に『聖化の再発見』を翻訳責任者として出版し、①体験中心ではなく、神と人との関係中心に、②個人主義的ではなく、共同体としての教会の聖化、③内面だけではなく、世界の破れをつくろうために、④プルーフテキストとしてではなく、神の大きな物語としての聖書、といった諸点を聖化の骨組みとして紹介した。これらはきよめ派諸教会からおおむね好意的に迎えられたようである。しかしながら、この関係論的ホーリネスを日本に根づかせるためには、どのような取り組みが必要かという新たな課題が生じてきたという。本書は、その課題に大頭氏自身が、3回の聖会メッセージをとおして、またきよめ派の諸教団のリーダーたちとの対話を通して、意欲的に取り組んだものの記録である。内容は、大頭氏らしく、時折ユーモアも交えながら、対話形式で進められているのが多いため、読みやすく、楽しく、教えられることが多い。

以下では、大頭氏が提唱しているところの関係論的ホーリネスを、筆者の視点から整理しつつ、その貢献と今後のさらなる期待について述べてみたい。

1　関係論的ホーリネスの本質＝愛

大頭氏が強調する関係論的ホーリネスとは、「神と私の関係、あるいは隣人と私との関係にくもりがないこと、健やかなこと」、互いの関係の中に愛があるということである。それを妨げるような妬みや嫉みがあれば、それを悔い改めて、赦してもらって、愛の関係を育んでいく。そのような関係の中にきよさはあるのであって、関係性から切り離された個人の所有物のようなものではない。さらに、この地上にあって関係性の中に生きるということは、必ずくもりが生じるため、その関係性は、絶えずメンテナンスが必要なのである。今ここでの神との関係、人との関係をどのように生きているかということが聖化の本質である。

大頭氏は、瞬間的な体験中心のきよめから関係中心のきよめへのシフトを提唱しているわけであるが、瞬間的なきよめの体験を否定しているわけではない。ただ「体験はひとそれぞれで、いろいろなのだ」という体験の幅広さの受容を求めているのである。

このような関係中心のきよめの聖書的根拠として、「愛」に注目する。愛は関係用語であり、神と私たち、あるいは、私たちと他の人々との間の関係において、「互いに大切に思い合い、自分を与えていく関係」である。それが「くもりのない」関係となり、そうありつづけるためには、絶えず関係を修復したり、育てたりしていく必要がある。その歩みには、多くの喜び、悲しみ、怒り、失敗があるが、神のあわれみがそこにあり、赦しと回復がある。そのような神と私たちの(関係の)物語を積み上げていくのである。

このように大頭氏が、聖化の本質を愛の関係であると強調することは、重要である。伝統的な聖化理解の陥りやすい欠点は、聖化を説明や伝達の困難な個人的、瞬間的、神秘的体験のみに還元してしまいやすいことであった。体験は確かに大切であるが、関係性における成熟こそが聖化の中心であり、個人の瞬間的体験はその関係性における成長のプロセスの中でこそ適切な位置をもつことになる。

このことは、聖化について伝統的によく取り上げられてきたガラテヤ人への手紙2章19―20節にも示されている。関係論的ホーリネスを支持する議論となるので、ここで少し紹介しておきたい。

しかし私は、神に生きるために、律法によって律法に死にました。私はキリストとともに十字架につけられました。もはや私が生きているのではなく、キリストが私のうちに生きておられるのです。今私が肉において生きているいのちは、私を愛し、私のためにご自分を与えてくださった神の御子に対する信仰によるのです。（ガラテヤ２・19―20）

「キリストが私のうちに生きておられる」という内住のキリストは聖化の恵みである。それは、古き我がキリストともに十字架に信仰によって磔殺《たくさつ》されることで出てくる体験である。聖化について多くの研究を著してこられた小林和夫氏（1933―）は、磔殺の経験なしに内住のキリストを体験できると思っているなら、それは観念であって、教えを理解したにすぎないと断じる。

また、パウロの「内住のキリスト」は、神秘的な経験であっても、神秘主義ではない。なぜなら、パウロは内住のキリスト告白のすぐ後に、次の告白が続くからである。「今私が肉において生きているいのちは、私を愛し、私のためにご自身をささげられた神の御子を信じる信仰によって、生きているのである。」

小林師はそこのところを次のように説明する。

ブルンナーが敬虔派の人々をそしって言っています。「我が内に在りて生くるなり」というのは、偶像礼拝と同じだ、と。キリストを所有化し、場所に閉じ込めるのはまちがっている、と簡単に言っています。これはそういうことではない。「内に在りて生くる」は人格の関係

です。愛の関係です。(『二つの十字架とみ言葉による聖霊経験』東宣社、1982年、29―30頁)

つまり、内住のキリストとは、キリストの贖罪《しょくざい》愛にもとづいて、キリストとの親密な愛の人格関係を信仰によって生きることなのである。これは大頭氏が強調する関係論的ホーリネスに通じるものであろう。同時に、このテキストは、内住のキリスト経験、キリストとの愛の人格関係に入るにあたり、磔殺の経験が大切な契機となっていることも教えている。(ただし、このような契機としての体験は、大頭氏が注意しているように、一つのパターン化されたものというよりも、一定の多様性をもつものであることも聖書は教えている。)

2　関係論的ホーリネスと宣教

関係論的ホーリネスは、また我々を宣教へと押し出すものでもある。そのつながりを、大頭氏は次のように説明する。神との愛の交わりに生きるということは、神の心に関心を持ち、神の心がわかっていくことである。そして、聖書のストーリーからわかることは、神はこの世界の破れに心を痛めているということである。私たちの中にも破れがあり、私たちを取り巻く人間関係の中にも破れがある。さらに、世界にも、戦争や、コロナなどのいろいろな破れがある。そのような破れに対して神は心を痛めているのであり、それはご自身が十字架にかけられるほどの痛みなのである。

したがって、神を愛して生きるとは、神の痛んでいる心がわかってくることである。そして、世界の破れを神とともに痛み、そこに自らを与え、繕う者となることである。それがきよめられるということであり、それは必然的に私たちを宣教へと向かわしめるのである。きよめは自分がきよめられているかどうか、罪を犯していないかどうかに関心が集中しやすいため、外に向かっての宣教の情熱が失われていくのではないかという危惧をしばしば耳にする。しかし大頭氏が道筋を明らかにしたように、宣教の情熱は、この世界に向かう神の心の痛みを知るところからほとばしり出るのである。

3　関係論的ホーリネスと共同体（教会）の形成

関係論的ホーリネスは、世の共同体とは異なる新たな共同体を形成していく。関係論的ホーリネスの本質である「互いに愛し合う」ということは、「互いの不完全ささえもそれを赦し合い、受け入れ合い、支え合うことができるそういうチャンスとして喜ぶことができる。パフォーマンスは問題ではない。あなたと私との親しい交わりがあることを喜ぶというそういう生き方」が教会の生き方であるという。それが単なる絵に描いた餅で終わらないのは、聖霊によって神の愛が溢れるほどに私たちに注がれ、そこから溢れ出て他の人を潤していくからである。

そのような神の恵みがわかるために、二つのことを大切しなくてはならないという。一つは、「みことばの湯治」である。みことばを味わい、「神がいかなるお方か、その手触り、体温を知る」。もう一つは、リハビリで、「教会は愛の実験場」であるという。愛を実践し、失敗しても良い所。安全なところで失敗する。「できないことはできないと言い、自分に助けることができる部分は助けてあげると言い、間違ったならば許してもらってもう一度やり直す。何度でも、何度でも。それが教会の希望です。それが教会です。」

大頭氏が述べるところの関係論的ホーリネスは、このような教会を形成していく力があるのである。そして、そのような教会で養われ成長した人々が、社会に出ていく。私たちの主戦場は、それぞれの家庭であり、職場であり、地域であり、そこで愛に生きることができるかにすべてがかかっているのだ。

おわりに

これまでの聖化論は、多くの場合、救済論の一部として扱われてきて、教会論や宣教論への展開が十分になされてきたとは言い難い（小林和夫氏は、聖化を中心に据え、教義学の各主題が衛星的にそれを取り囲むように関係づけながら神学的考察をするという先駆的な取り組みをしてこられた。参照：小林和夫『聖化論の研究――ウェスレアン・アルミニアニズムの立場より』日本ホーリネス教団2004年）。そうしたなかで大頭氏は、聖化の中心を個人の瞬間的体験に置くのではなく、関係性のなかにおくことで、霊性、教会論、宣教論への展開の道筋をよりわかりやすく示すことができている。結果として、聖化の恵みの豊かさとダイナミックさが明らかにされたことは、本書の大きな貢献である。しかしながら、本書はあくまで説教集であって厳密な意味での神学書ではない。今後さらに、関係論的ホーリネスの聖書神学的裏付けと、その他の神学的テーマとの関係づけという展開が期待されるところである。

とは言え本書は、「聖化の魅力の再発見」を十二分に促してくれる良書であることは間違いない。良き友でもある大頭眞一氏の労に心から感謝したい。

《聖化の再発見：ジパング篇》

説教篇

《第67回京都聖会Ⅰ》

主のきよさをしたって ―― マイ・ヒストリー

ヨハネの福音書20章21―23節

イエスは再び彼らに言われた。「平安があなたがたにあるように。父が私を遣わしたように、私もあなたがたを遣わします。」こう言ってから、彼らに息を吹きかけて言われた。「聖霊を受けなさい。あなたがたが罪を赦すなら、その人の罪は赦されます。赦されずに残すなら、そのまま残ります。」

使徒の働き2章1―14節

五旬節の日になって、皆が同じ場所に集まっていた。すると天から突然、激しい風が吹いて来たような響きが起こり、彼らが座っていた家全体に響き渡った。また、炎のような舌が分かれて現れ、一人ひとりの上にとどまった。すると皆が聖霊に満たされ、御霊が語らせるままに、他国のいろいろなことばで話し始めた。さて、エルサレムには、敬虔なユダヤ人たちが、天下のあらゆる国々から来て住んでいたが、この物音がしたため、大勢の人びとが集まって来た。彼らは、それぞれ自分の国のことばで弟子たちが話すのを聞いて、呆気にとられてしまった。彼らは驚き、不思議に思って言った。「見なさい。話しているこの人たちはみな、ガリラヤの人ではないか。それなのに、私たちそれぞれが生まれた国のことばで話を聞くとは、いったいどうしたことか。私たちは、パルティア人、メディア人、エラム人、またメソポタミア、ユダヤ、カパドキア、ポントスとアジア、フリュギアとパンフィリア、エジプト、クレネに近いリビア地方などに住む者、また滞在中のローマ人で、ユダヤ人もいれば改宗者もいる。またクレタ人とアラビア人もいる。それなのに、あの人たちが、私たちのことばで神の大きなみわざを語るのを聞くとは。」

みなさんこんにちは。京都教区の京都聖会ということで、とてもリラックスしています。みなさんと普通に語り合っているような感覚です。ですから、途中で質問がありましたら、手を挙げて訊いてください。何か聞いてわからないという時は「わからない」と言ってください。そしたら、またちがう言葉で語りなおしたいと思います。いきなり手を挙げるというのが難しかったら、また後で質疑の時を持ちますのでメモを書いておいていただいても、と思います。

数年前にナザレンの山陰聖会に呼ばれたことがありました。そこの委員長がとても真面目な先生で「私たちはどういう準備をして、先生をお迎えしたらいいですか」と事前にご質問がありました。そういうことは初めてでした。たぶん、何か読んでおくといったことをイメージしておられたと思います。そこで「それぞれがきよめについて疑問に思っていることとか、自分の体験とか、何でもいいからきよめについて、書いて送ってください」と頼みましたら、四つの教会から十数通届きました。見てみるとやはり。「牧師であっても聖というものが何であるのか、はっきりよくわからない。自分がきよめられているのかどうか、それもよくわからない。」など。正直なところだと思います。なので、そういったところにもゆき届くように語りました。終わった後、5、6人の方がたが来られて、「私はこれでいいんですね。」とおっしゃる。その言葉を聞いて私は、よかったなぁと思いました。今日の結論も「みなさん、それでいいんです」なんです。神によって召された方がたが、神のきよさを慕い求めて、聖会に集われて、「これでいいんだ、これで良かったんだ、このように歩いて行こう」と、そのように思えたのであれば、本当にうれしいです。今日も神さまが、「そうだ、それでいいんだ。そのように歩め」と私たちに語ってくださると思います。必ずそうしてくださると信じます。

さて『聖化の再発見』上巻のあとがき。272頁。ここには私のストーリー、マイストーリーが書

「勤勉で怠らず、霊に燃え、主に仕えなさい。」(ローマ人への手紙12章11節)
第67回 京都聖会
「熱心で、うむことなく、霊に燃え、主に仕え」
2022年
10月9日(日)~10日(月)
特別講師
大頭《おおず》 眞一《しんいち》 牧師
(京都信愛教会・明野キリスト教会牧師)
1960年神戸市生まれ、25歳のとき垂水教会で受洗。
北海道大学経済学部卒業後、三菱重工で14年間勤務。
英国ナザレン神学校・同大学院、関西聖書神学校卒。
現在、京都信愛教会・明野キリスト教会牧師。
関西聖書神学校講師(教会史)。教団総務局主事。
妻と娘一人(今は天に)の3人家族。特技はお好み焼き。
プログラム
10月9日(日)
10月10日(月)
10:00(聖会Ⅱ) 説教 大頭眞一師
15:00(聖会Ⅰ) 説教 大頭眞一師
13:30(聖会Ⅲ) 説教 大頭眞一師
京都聖徒教会で人数を制限して行い、
YouTubeライブで配信する予定です。
新型コロナウイルスの感染状況によっては、
事前に収録した動画を配信することに
なるかもしれません。
詳細は会場教会にお問い合わせください。
YouTube
9日(日)15時 聖会Ⅰ
10日(月)10時 聖会Ⅱ
10日(月)13時半 聖会Ⅲ
もしくはYouTube上で
京都聖徒
検索
会場
日本イエス・キリスト教団
京都聖徒教会
京都市北区小山上総町50-1
☎075-451-2363
北大路
北大路通
京都聖徒教会
烏丸御池
地下鉄東西線
三条
烏丸
四条
阪急京都線
JR京都線
京都
聖会のチラシで、QRコードから現在もメッセージを聴くことができます。

いてあります。後で、ここを読んでいただければ、と思います。同じことをここで話してもしょうがないので、ちょっと違うことをお話ししようかなと思います。聖化が私の生涯のメインテーマ、ライフワーク、三度の飯より聖会が好き。聖化を語り始めると8時間くらい平気で語れるような気がします。でも、あまり長くならないように注意したいと思います。

読んでいただいた二箇所。この二箇所は聖化の体験を描写する時によく開かれる箇所です。一つはヨハネ。この時、キリストが息を吹きかけて、弟子たちに息を吹きかけて「聖霊を受けなさい」と言った。イエスの弟子たちは、いつ聖霊を受けたのでしょうか。多くのキリスト教会はこの、主イエスに息を吹きかけられたときだと考えます。ここで思い出すのが、創世記二章。「神である**主**は、その大地のちりで人を形造り、その鼻にいのちの息を吹き込まれた。それで人は生きるものとなった。」（7節）。だから、人となって、死んでよみがえった神が息を吹きかけて「聖霊を受けなさい」と言ったのだから、そのとき聖霊を受けないわけがない、と考えるのです。ところが、私たちきよめ派が馴染んでいるのは、使徒の働きのペンテコステのほう。突然激しい風が吹いて来て、地響きが起こって、一人一人が御霊に満たされた。ヨハネと使徒の働き、非常に異なる二つの聖霊の臨み、聖霊を受けるありさまの描写がある。よくある議論は、どっちが正しいのか、というもの。「聖霊に満たされるのは、使徒の働きのような、瞬間的な激しいものだ」

と言う人びともいる。そうかと思うと、「いや私はそういう劇的な経験はない。イエスさまが私に静かに聖霊を与えてくださった」と言う人もいるわけです。どちらが正しいか。どちらも、というのが私の結論です。

私は京都信愛教会に4月に着任しました。みなさんまだ私のことをあまりご存じないので、証をしています。私の信仰の証し。今までに二回しましたが、まだ終わらないので、次に三回目をやります。それぐらい長い話なのですが、今日はすごく短く、きよめに関係あるところだけにします。私は、中学1年生、2年生くらいのころ、生きることがとても辛かった。何をやっても上手くいかない。そういう時代があって、死にたいと思ったこともありました。やがてそこから脱出しました。脱出したきっかけを知りたい悩める少年たちは、また後で聞きに来てくれたら、詳しく話します。ここではどうやって脱出したかも省きますけれども、脱出した時に三つのルールを自分に許した。これは間違ったルールなので絶対メモしないでください。そう言っても、メモしている人がいつもいるので、困ります。一つは生き延びるためには何をしても構わないというルール。これは、間違っています。ほんと、間違ってます。二番目は自分が他人に馬鹿にされたり、他人から圧迫を受けると生きづらいので、自分から他人をバカにしたり、圧迫する。これもほんとに間違ってます。三つ目は、今日は良くても明日はどうなるかわからないので、出来る限りの可能な快楽は今日のうちに貪るべしと。これもほんとに間違ってます。三つとも人を不幸にするルールなので、決して真似したりしないようにして欲しいと思います。ところが25歳になって、この三つのルールが原因で災いが起こった。その時婚約していたんですが、婚約が破棄されたんです。三つのルールが原因で「あなたと一緒に生きていくのは辛い。怖い」と。私はそれを聞いた時に本当にその通りだなぁと、自分でも自分が嫌だなぁと思いました。その時まで私は、母親がクリスチャンだったので教会にも行ったことがあった。罪について聞いたこともあった。でも罪ということが全くわからなかった。ところがその時わかった。罪がわかった。私は父親との関係に問題があって、そこにとても痛みがあった。それが私の三つのルールに基づくような生き方の原因のひとつでもあった。罪というのは何か、嘘をつくとか、物を取るとか、そういうことをして、ごめんなさい。もうしません。と言ってなおるものではない。気の持ち方とは関係ない。私の強い意思とか、そんなこととも関係がない。そうじゃなくてだれかが私の中の傷、心の傷に触れ、手を突っ込む時にそこが痛む。痛んでその痛みを振り払おうとして、私が手を振り回す時に、その手が他の人にあたって、また傷つけていく。私には父親から受けた傷がある。いつも痛んでいる。そこに何かが触れるとき、私は他の人を押しのけたり、他の人を傷つけてしまう。罪というのは金網のようなもので、金網をガシャンとたたくと金網全体がねじれる。そのねじれは伝わっていく。罪はあなただけの問題ではなく、あなたの周りの全ての人に関係している。そして私たちはみんな傷を抱えていて、その傷が痛んで、他のところに痛みを及ぼし、またそっちからもゆりもどしがきて、罪の傷みが増幅される。それが世界のありさまだと気がついた。だから私は、自分の力では、この罪の連鎖のようなものから逃れることはけっして出来ないと思った。そこで、教会へ行こうと思ったのです。別にほかの宗教でも良かったかもしれないのですけれども、母親がクリスチャンなので、わざわざ他のところに行く必要がないので、教会へ行った。そのとき不思議なことがあった。当時、母親が通っていたのは日本基督教団の神戸の中心部にある教会。そこへ私が行こうと思って、そこの牧師に電話するわけです。「キリストの十字架が私にとってどういう意味なのか、教えて欲しい」と。ところが会えない。なにか忙しいとかで。今週会えない。来週も会えない。その次も会えない。どういうわけだか会えない。それで他の教会へ行くことにした。母親は当時、「きよめ」というものを求めていた。母がいたその教会はそういうことを語る教会ではなかった。なのでいろんな本を読んで探して、ある時は救世軍に電話したら、救世軍人が軍服で来て、父が裏口から逃げたという話もあったりしますけれども、手当たり次第に探した。それで日本イエス・キリスト教団の垂水教会というところで、きよめというものを語られているらしいということを聞いて、母はそこに行こうかと思った。ところが、母の所属教会には母が導いた人たちが二十数人いて、動きが取れないような状態。そこへたまたま私にそういうことが起こったものだから「お前、垂水教会に行ってみないかい」と言って、私が母より先に垂水教会に行ったわけです。そして、だんだん、わかってきたことは、痛みに耐えかねて私たちが手を振り回す。その手の先には鉄条網のようなとげとげがついている。そのとげを、ひとりの方が全部引き受けて、自分の肉体をもって、止めてくださって、「もうだれも傷つけるんじゃない。私が全てを、あなたの痛みも全てを引き受けるから。もう私で終わりにする。だからあなたはもういいんだ」と主イエスはおっしゃる。「自分を責めて、悲しみのあまりに他人を傷つけるような、自分を傷つけるようなそんな自分なんかが嫌いだなんて、もう言うことはないんだ。もうこれで終わりにするんだ」とおっしゃってくださった方がおられて、それがイエス・キリストさまだということがわかった。

そのとき、私は何とも言えないほどほっとした。そこで洗礼を受けた。でも洗礼を受けて直ぐに教会へ行かなくなった。半年もたたないうちに行かなくなった。理由は、ちょっと恥ずかしいですが、遊び足りなかったというだけです。そのころ、東京に転勤して、バブル末期の華やかな東京で遊んでいた。もう教会へは戻らないでおこうと思って。結婚する相手もクリスチャンではない方が都合がいいと、和子と結婚したんです。長い話を短くすれば、和子が救われるわけです。母の伝道によって救われる。和子のお腹が大きくなったとき、私はふと思った。このままでは「家で教会へ行かないのは、パパとポチだけだね」となるぞと。これは情けない。教会へ行こう、と思った。教会へ行く以上、今までのようなわけにはいかん、きちんとしたクリスチャンになるぞと思った。噂に聞くきよめというものをオレも求めるぞと、たばこを深々と吸い込みながら、決心した。タバコはやめる。お酒をやめる。とにかくささげて、つけて、待ち望むというのが第一セオリーなので、ささげた。信仰に関係のないものを処分した。ゴルフの道具も釣りの道具もあげちゃうし、小説とかなんかも全部捨てちゃう。新聞止める、テレビも見ない。家の中がどんどんスカスカになってゆく。

和子もまたきよめを求めていたので、きよめレースが始まったわけです。これがなぜレースかというと、当時の我々の理解では、きよめられた者と、きよめられていない者にはたいへんな差がある。きよめられた者が鳥だとするなら、きよめられていない者は、地を這う虫のようなもの。こんな話があります。皇太子が町へ行ってめずらしくてきょろきょろしていると、侍従がついてきて「殿下、ご身分、ご身分。」と言って、身分をわきまえさせる。それと同じように、私たちがきよめられて、聖霊が来られると、聖霊が私たちに「ご身分、ご身分。」といって私たちの思いや判断やまた行動を整えてくださるのだ、とそう聞かされていた。これはたいへん。もし和子が先にきよめられて、私がきよめられていなかったら、どうなると思います?今晩私が、肉を食べたいと言っても、「いいえ、今日は魚です」と言われたら、これはもう和子が言っていることが正しいことになる。これが生活のあらゆる分野に及ぶとなっては、これはどうしても先にきよめられなければならないという、まぁよくわからない動機も加わって、レースが始まったわけです。5年にわたるレースはなかなか決着がつかない。そうしているうちに、阪神大震災が起こった。そのとき私は思った。これはたらたらしている場合ではない。そろそろ決着しなければならない、と。きよめられていない、身動きが取れない、中途半端なクリスチャンだと自分で思っていたわけですから。その年の塩屋聖会は普通は5月のゴールデンウィークにやるのが、11月に延期されて、しかも1日短縮して行われた。招かれた講師はイギリスのナザレン神学校の校長ハーバード・マゴニガル博士。私はそこに賭けてますから、会社を休んで最初の聖会から最後の早天まで、全部出た。最後の夜にきよめを求める者は前に出るように言われ、出て行った。いったいこうして何回出てきたかなあと思いながら出て行った。そこに牧師がたくさんいますから、一人つかまえて祈ってもらった。するとその先生が「聖霊を受けよ」と祈って、それで「はい、じゃああなたはきよめられましたから」と言う。私が「えっ、何ですか」と言いましたら「いや、きよめられましたから。」と牧師。「これですか?これがそうなんですか?」と私が訊くと、「そうなんです。」と言う。それで、この人は信用出来ないなと思った。次の日も会社を休んでいたので最後の早天聖会の後、舞子墓園という広大な所へ行って祈っていた。そのときふと、「もしきよめられて、神さまが召されたら私は献身するかなあ」と、ちょっと思った。もちろん献身するだろうな、とは思いました。けれどもそこでふと考えた。「もし献身して、60歳を過ぎて、神さまがいないとわかったら」と。そう思うと、すごく恐くなりました。で、「やはり自分はきよめられていな」と思った。実は私は先月62歳になったんですけれども、今も神さまいるって思ってます。よかったです。

それで、それから私はどうしていいかわからなくなった。もう何もやることない。とにかく朝起きたら会社に行ったり、教会に行ったりして、帰って来て寝る。そんなことを半ば自動的にやっていた。それで年が変って、阪神大震災があって2年目の年になった2月のある日東京に出張した。帰りの新幹線の中で、これがまたくだらない話なんですけれでも、でも真実っていうのは案外くだらないものの中にあるもので、隣に座っていたおじさんがフライデーを読んでいた。写真週刊誌を読んでいた。私は、ちょっと見たいなあと思ったんだけれども、まあ、きよめを求めている者が、自分でフライデーを買うわけにいかない。だから、おじさんが置いて降りないかなと思ったら、京都で置いて降りた。しめしめと思って読もうと思った。ところが、ふとそこできよめを求めている人間がフライデーなんて余りだなあと思って、でもこういう誘惑に勝てたためしがないなあとも思った。けれども、そこで、ふとキリストの十字架を思い出した。こんな小さな誘惑から私を守ることが出来ないような十字架だろうかと思ったら、何となくフライデーを手に取らなかった。そして家に帰ったら、みんな寝てるし、自分も寝ようかなと思ってふとんに腰をおろした瞬間に、こんな小さな私をきよめられない十字架かなと、ふと、思ったんです。そんなことあるまいと、布団を被って寝てしまった。次の日は水曜日。祈祷会の日。いつも「きよめてください」というお祈りをしていたのだけれども、そのときはなぜか、ふと「主よ来たりませ。マラナタ。」というお祈りをした。そうすると友だちが「今日の祈りはいつもと違ったね」と言う。私は「いやぁ、そうかな。別にきよめられたわけじゃないと思うけどね」と答えました。すると「それはわからんよ」と友だちが言うのです。でもそれも全然気にとめていなかった。また寝て、起きたら木曜日。その日も会社を休んでたんです。それで起きたら、賛美が私の中からあふれた。実は賛美は基本的に苦手。めんどくさいですし、上手く歌えないです。ところがその日は機嫌よく、次から次と賛美を歌っている。和子がけげんそうな顔でこっちを見ていた。そのときふと思ったんです。ひょっとしたらオレはきよめられたんじゃないだろうか。そう思ったそのとき。喜びがあふれた。どこできよめられているんかというと、まあ、ふとんに腰をおろしたときっていう、はなはだしまりのない瞬間に、私はきよめられたことなるのかもしれない。当時の我われのセオリーによるならば、何時何分何秒と言えるような、はっきりした瞬間というのが、第一の条件。そして第二にその時にみ言葉がくる。私の場合これが微妙なんです。私はまさかと思って油断していたので、時計を見ていなかった。何時、何分、何秒と言えない。2月6日夜の

11時頃としかいえない。そのときみ言葉が来たかというと、「こんな小さな私をキリストの十字架がきよめることができないのだろうか」と思った。これはみ言葉のような言葉ではあると思うんですが、厳密にはみ言葉ではないわけです。ですから世の中にきよめ認定委員会というものがあるとするならば「大頭眞一のきよめは、まぁギリギリセーフだね。65点」とか、そういうことになると思います。まあそんなわけで、どちらかと言うと使徒の働きタイプできよめられたということになったわけです。ところがここに一つの問題が残った。それは、和子がそういう体験をしていないということ。我われのセオリーによれば、私はきよめられたわけですから御霊に導かれる。すると「私は肉が食いたい、今日も肉が食いたい、明日も肉が食いたい。明後日も、ずっと肉だ。」みたいな横暴なことを言い始めるわけです。これは本当に肉の話をしているわけじゃないんです。ひとつのたとえ。私が正しいんだと、自分の思いを押し通していく。和子にはずいぶんかわいそうだったなぁと。それが聖霊によるものであったかというと、私の思いを押しつけているだけ。そして「あなたはまだきよめられていないでしょう」みたいなことを言ってずいぶんイジメたなあと思って、一生頭が上がらないです。ところが実際はだれが見ても、和子の方がずっときよいわけです。ここに問題がある。ここに非常な問題がある。

その一週間後の2月13日の朝、火曜日でしたが、朝4時くらいに目が覚めて、最近は年をとって、朝の2時、3時には毎朝起きていますけれども、当時は4時に目が覚めるなんてことはなかった。せっかく目が覚めたのだから、お祈りでもしようかと思って後ろに手をついた中腰みたいな体勢になったそのときに、大きな声で「眞一、わたしの羊を飼いなさい」と。こんなに大きな声がしているのに、和子は寝ているし、やはり自分の頭の中だけで響いている声なんだろうなあと思った。そこで私は「はい」と答えようと思ったんですけれども、いきなりのことだったんで、つい「へい」と言っちゃった。これは一生の不覚です。しかし、あわれみ深い神さまはもう一度「眞一、わたしの羊を飼いなさい」と仰ってくださった。それで今度こそ「はい」って言うはずだったんだけれども、なぜかそこでまた「へい」と言ってしまった。神さまはもう一度私にチャンスを与えて「眞一、わたしの羊を飼いなさい。」とおっしゃってくださったのに、そこでまた……。まあそれは大きな問題ではないです。さすがにこれは、いわゆる召命というものなんだということが、私にもわかったんです。そこで和子を起こして「今、召命といったものがあったのである。だから牧師になるのである。」と「はい。わかりました。むにゃむにゃ……」とか言ってすぐ寝てしまった。

それで、どこの神学校に行こうかと思った。その当時、知っていた神学校は三つしかなかった。塩屋の神学校、マゴガニル先生のナザレン神学校、その前に来たケネス・キングホーン先生のアズベリー神学校。アズベリーはみな行っているので、だれも行っていないマンチェスターに行こうかなと思ったのと、ほかにもうひとつ理由があった。それはマゴニガル先生が「聖霊を受けなさい」という言い方をしなかったこと。「聖霊に満たされなさい」という言い方をした。なにかそこに惹かれるものがあった。それから当時のナザレン神学校にはMA in Christian Holiness つまりきよめの修士課程というコースがあった。今はもっと普通の名前になってますが。やっぱり私が行くのはナザレンかなあと思って、退職金とかそういうお金をかき集めて行ったわけです。

行って見てびっくりした。それは私が証しをする。「こうこうであって、そのとき、きよめられたのである」みたいなことを言うと、人びとが「フ、フン」とか「interesting（興味深い）」とか「thank you」とか、なんか余裕があるわけです。「何ていうことだ！」とか「素晴らしい！」とか「驚いた」とか言わないので、なんかおかしいなと思い始めて、それで「あ、この人たちは本当のきよめをしらないんだ。この人たちが本国で忘れてしまったきよめを思い出させるために、神が私を英国に遣わしたのである」と、こう思ったわけです。そこでサムエル・ブレングルという人の『聖潔《きよめ》の栞《しおり》』っていう本をみんなに配ってやろうと思ったんですけれど、イギリスでは絶版になっていて売っていない。わざわざアメリカから取り寄せて配って「これを読んだら、あなたはきよめがなにかわかる」と言うとみながまた「フ、フン」とか「interesting（興味深い）」とか「thank you」とか言ってる。やがてわかったのは、『聖化の再発見』上巻のあとがきに詳しいのですが、彼らは、いわゆるヨーロピアン・タイプのホーリネスなんだ、ということ。ヨーロピアン・タイプに対抗する言葉が、アメリカン・タイプなんです。最初はコーヒーじゃあるまいし、きよめにアメリカンとか、ヨーロピアンとか一体なんなのか、と思った。でも、だんだんわかってきた。アメリカン・タイプっていうのは、非常に個人主義的で、私がきよめられているか、きよめられていないかというのが問題になるんです。第二の転機というのを持っているか、持っていないかが問題になる。そして体験が中心に重要となる。体験があるか、ないか。だから、日本に来ているのがアメリカン・タイプです。ややこしいのは、バックストン先生はイギリスから来ている。アメリカン・タイプが、イギリス経由で日本に輸入されている。それに対して、ヨーロピアン・タイプっていうのは、元々ジョン・ウェスレーが言っていたこと、さらに、遡ると東方教会、つまり紀元2世紀、3世紀のキリスト教会が言っていたこと、それがヨーロピアン・タイプに受け継がれている。こっちの方は、きよめとは神と私の関係、あるいは隣人と私との関係にくもりがないこと、健やかなこと。きよめって関係なんです。きよめって私の中にないんです。私と神の間、私と人との間の関係がきよいかどうか。愛があるか。妬みや嫉《そね》みやそんなものがあったとしたら、それを悔い改めて、赦してもらって、そして関係を育んでいく。互いが成長していくようなそういう関係の中に、関係の中にきよさがある。きよさは私の持ち物じゃない。私はきよめを手に入れたから、和子よりも上級クリスチャンだ、みたいな話じゃない。私と和子の関係がきよくて愛に満ちたものであるか。ステータスじゃないんです。ステータスを手に入れるんじゃないんです。健やかな関係の中に生きていく。神と人との関係も。関係である以上、関係っていつも動いているんです。なにか出来事が起こったら、たとえばだれかが和子に「お宅のご主人が、だれか女の人といっしょに自動車に乗ってたわよ」というような話があったとして、で、和子はそれを聞いていたんだけれども、何か私に言わずに自分の中で、いろいろ考えこんでいたりすると、そこにわだかまりが生じる。その時に「こんな話を聞いたんだけれども、どういうこと？」と聞いたら「いや実は、あの人はどうで、こうで」みたいと話して、「あぁ、そうなんだ」ならいいですよね。生きてるならば、神との間に、また他の人との間に、必ずくもりは生じる。生きてるってそういうことだから。それを手入れして、悔い改め、そして赦し合い、共に成長していく、それがきよめ。なんてことはない。なんてことはない話なんです。普通の人間の、普通の生き方。でも実は絶えざるメンテナンスっていうのは、絶えざる緊張を強いるともいえる。本当に心を尽くして生きる必要がある。なぜ、使徒の働きタイプとヨハネの福音書タイプの聖霊の臨み方があるのか、これは長らく研究の対象でしたが、日本に帰ってきてからわかった。インマヌエル聖宣神学院の前の院長の河村先生っていう人が、「神さまイメージ豊かさ再発見」というタイトルの本だったと思います。養護的に育てられた人、成育歴が養護的、つまり両親の愛に包まれて、たとえばクリスチャンホームで神さまの愛の中で育てられたような人びとは、劇的な体験をすることが少ない。だからバイブルキャンプに初めて来た子が、悔い改めて、救われたのを見ると、クリスチャンホームの子は羨ましく思う。劇的な体験があっていいなと思う。自分なんか母ちゃんのお腹の中にいる時から、神さまを信じているから、はっきり救われていないいんじゃないかなと思ったりする。ときには一度悪い子になって、それから悔い改めて救われるといいんじゃないかな。まずは悪い子になんなきゃいけないんだって、似合わないことをやったりすることがある。そういうことではない。やっぱり、クリスチャンホームに生まれて、神さまの愛、両親の愛の中で育てられているってことは幸いなことです。本当に幸いなこと。でも、そういう人びとはずっと神の愛の中にいるので、劇的な体験を味わわないっていうことが多い。それはきよめの時も同じで本当に緩やかに、健やかに成長している人っていうのは、劇的な体験をすることが少ない。一方で私みたいに、かなり不幸な少年時代を送ったりすると、そもそも自分に対する評価が最低なところから出発しているんで、ちょっとのことで非常に感激するようなところがある。これは別に聖書にかいてあるわけじゃないので一つの体験的な分析ですけれども、でもなんかの役には立つ。ヨハネと使徒の働き、この二つの箇所の聖書のどちらが正しいか。どちらも正しい。和子と私のどちらのきよめの体験はどちらが正しいのか。どちらも正しい。神さまはそれぞれに、そうでなくてはならないやり方で持って御霊を臨ませ、御霊に満たし、今日あらしめてくださっている。そういうことがわかってきた。

でもこれは、大変なことだなとも思った。これを日本に持って帰る。するとどうなるか。きよめを薄めたとか、言われるに決まっている。でも、まあ時代は変わったと思います。あれから20

年経って、こんなこと言っても、石は飛んでこないです。20年前なら石が飛んできたかも。私はその時こわかった。自分が日本イエスの伝統的な、自分が信じてきた、愛してきた、そのように生きてきた、そのように体験もしてきた。65点くらいだけれど。日本イエスが大切にしてきた聖化。第二の転機というのを、それは物事の一面に過ぎないと言った時に、私の居場所は果たしてあるんだろうかと、まあそんなことも考えたわけです。

でもやはり、これ、確かに人びとを救うだろうなと。和子はこれで解放された。ほかの多くの人たちもこれで解放されるだろうな。よりよく主の愛に生きることが出来るだろうなと思った。こわかったけれども、持って生まれた楽天的な性格はあまり長く悩むことを許さないので、まあいいか、とにかく行けるところまで行ったらいい。そう思った。ある意味では、そこで自分を十字架につけた。だれが何と言おうと、まさにこの福音の本質を、私がつかんだところを語ろうと思って、日本に帰って来た。そして、世間をお騒がせしているわけで。

救いって何だろう。ルターの紋章（上記図版）、これはあちこちで話していますので、皆さんも聞いていると思いますが、ルターの紋章というのは、ルター家に伝わっている紋章ではなく、ル

ターが自分の信仰を表すために作った紋章。ルター派の神学校とか教会へ行きますと、木製の扉や天井に彫ってあったりします。周りにいろいろついているのですけれども、中心になるのは黒い十字架です。キリストの死を表す黒い十字架。その下に、赤いハートが置かれている。周りに字が刻んであるのもあります。字が刻んであるバージョンには、「キリストの十字架の下に置かれるときに私たちの心臓は脈打つ」と書いてある。罪の中に死んでいた人間が、愛することが出来ないで死んでいた人間。ルターは「罪とは自分の内側の折れ曲がった心である」とも言っている。「自分は駄目なんだ。こんな自分は駄目なんだ。いない方がいいんだ。だれも愛してくれいない」と思っているのも自分の内側の折れ曲った心。同様に「この私はひとかどの者だ。この私は他の人よりも多くの霊的な経験を持っているから、私は特別な存在なのだ」と思う心も神を見ていない。自分の内側に折れ曲った心だろうと思うんです。自分の内側に折れ曲り、罪に死んでいたそのような私たちのハートが、心臓が、キリストの十字架に触れる時に、脈打ち始める。生き始める。救いとはそういうことです。キリストのいのちが私たちの内に脈打ち始める。脈打ち始めた命は、どんどん人間らしく、どんどん喜びのうちを成長してゆく。その成長の過程で、転機的なブレイクスルー的な経験をする人もいるだろう。そうじゃなくって、継ぎ目のない成長をしてゆく人もいるだろう。どちらも、あなたに神さまが与えてくださった恵みであって、誇ることも、恥じる事もなく、ただ喜んでいなさい。そのように、主は今日も招いてくださっていることを思います。

さあ、お待ちかねの質疑応答をして参りましょう。どなたでもどうぞ。

Q「今お伺いした、先生の転機なんですけれども、それは、後日揺らいだりすることはないのでしょうか？」

A「そうですね。人から、あなたはきよめられているかもしれんけど、あなたのきよめは浅い、といわれることはあったわけです。そういわれると、そうなのかなと思わないでもない。でも何度も聖書を読みなおし、関連するいろいろな古今東西の教会の文献を読み、キリスト教の本流の流れが関係的だなとわかっていたので、人からどう言われようが、この人はまだわかっていないなんですね……という感じですね。今のご質問は、たぶん自分自身から揺らぐことがなかったかというご質問ですよね。体験はオーダーメイド。私にとっては、そういう体験だったんです。それはわたしの勘違いで、私がかってにきよめられたと思っているだけかもしれない。だったとしても、そこを転機に私は前に進むことが出来て、そして神さまと健やかな、他の人との健やかな関係を追い求める人生に入ることが出来た。きよめの本質が関係だとわかってからは、その体験の真贋はもはや問題ではなくなった。その本質を今日生きているから。今日私は神を、力を尽くして神を愛している。自分と同じように隣人を愛している。今日だけが私にとっての問題だ。過去の体験、過去の罪、過去の行き詰まり、それはもうキリストの十字架によって贖われているから、もう昨日に生きるのをやめた。このきよめを明日維持していけるか、それは明日を思い煩うこと。明日は神さまにゆだねて、今ここで、神と人との関係に生きるというその信仰をつかんだので、まあどうでもよくなった。私の体験が真正なきよめの体験であろうが、あるいは間違いであったとしても、今私はOn the right track正しいtrack、正しい通路、正しいいのちのあり方、聖書的ないのちの中にあると、そこがわかっているだけで、不安はない。そういうところです。そう思うんです。でも大切な所だと思います。とても補ってくださるような質問でありがとうございます。」

では、内田先生に祈っていただきます。

ひと言お祈りをいたします。

愛する天の父なる神さま「聖霊を受けなさい」とイエスさまが息を吹きかけてくださったその恵みを、そしてまたその時くださった御霊さまを、またご聖霊の確かさを改めて教えていただき感謝です。本当に私たちはあなたとのコミュニケーションを重ねてゆく中で、養われ、また神の子として成長しいくことを教えていただき、また普段の人との交わりがいかに大切なことか、また一日、一日の積み重ねがいかに大切なことか改めて教えていただき、感謝いたします。わたしたちの状態がどのようであれ、関係がどのようなものなのか、いつも問われているなと思わされました。あなたから与えられている一日、一日をあなたと、また愛する隣人と精一杯喜び、楽しんでいくことができるようならしめてください。そしてまた、楽しみと喜びを多くの方々と共に分かち合ってゆくことが出来るように、よろしくお願いいたします。また今日のメッセージを聴いてさまざまこれから、それぞれのうちで思い巡らされることでありましょうし、またさまざまな質問がわき上がってくるかもしれません。明日の2回目の聖会の中で忌憚なく、ざっくばらんに分かち合えるそのような幸いな時を得させてくださいますように、よろしくお願いいたします。

引き続き大頭先生に油を注いでくださって、豊かにお用いくださいますように。

感謝してイエスさまの御名によって祈ります。アーメン。

《第67回京都聖会Ⅱ》

主のように きよくする――神さまがいる

聖書　マルコの福音書1章40―45節

さてツァラアトに冒された人がイエスのもとに来て、ひざまずいて嘆願した。「お心一つで、わたしをきよくすることがおできになります。」イエスは深く、あわれみ、手を伸ばして彼にさわり、「わたしの心だ。きよくなれ」と言われた。すると、すぐにツァラアトが消えて、その人はきよくなった。イエスは彼を激しく戒めて、すぐに立ち去らせた。

コミュニケーション

今回の『聖化の再発見』の翻訳者が「大頭眞一と焚き火を囲む仲間たち」。焚き火を囲む中で、いろいろな語り合いが生まれる。そもそも説教というものは一方通行ですから、私がどんなにいい気持ちになって、霊的巨人みたいになって、皆さまを見ないで語ることも可能なわけです。でも、聞いた人が、何か有難いような気もしたけれども、やはり、よく分からない、ということはよくあります。

ですから、語ったらそれに対して、どう理解してくださったのかを聞いて、違っていたら、「それは全然違うのですけど、こういう意味なんです」というようなやり取りがないと、人は簡単に分かり合えないと思います。簡単に分かり合えると思うから、腹が立つ。ですからこのQ&Aという時間はとても大切です。

語り終えて、そして、皆が深く涙するみたいなことは美しくはあるのだけれども、分かっていなかったら、何の意味もないと思います。というわけで、昨日のQ&Aの後、二階の本の売り場に私がいたら、何人かの方々が質問してくださって、そこでも、皆聞いてくださったらと思ったことがありましたので、ご紹介します。一つは「あのヨーロピアン・ホーリネスとアメリカン・ホーリネスという言葉があったけれど、もう一つよく分からなかった」ということ。で、『聖化の再発見　上巻』のあとがきのところの274頁の表を見てくださいと申し上げた。本とこの説教と合わせて聞くと、ハイブリッドで分かります。さらに加えて、この本の読書会を月に二回、原則第二と第四の土曜日18時から19時30分 zoom で行っています。10月29日が二回目ですけれども、10月だけは第四でなく第五にします。そこに藤本満先生がそこに出てくださって、この本についてお語りくださることになっていますので、ぜひ、そちらの方も。読んだり、聞いたりしながら理解していく。多分、「聖化」ということに対して、今まで自分が思っていたことよりも、少し広いようなことが語られていると思います。

これはメールで来た質問です。「ヨーロピアン・ホーリネスとアメリカン・ホーリネスというのはどっちかと言うものではないのでしょうか。」という質問。これはまさに私が言おうとしたことです。「アメリカンタイプ」は、第二の転機、はっきりとした瞬間的な経験が、個人個人に訪れるという教え。ヨーロピアンタイプというのはそれを否定しているのではありません。そうではなくて、体験は人それぞれで、いろいろなのだというのです。イエスさまは「息を吹きかけて、聖霊を受け」と言われた。だからとりたててびっくりとした体験をしなくても、聖霊によって歩むことができるようにされていく人びともいるし、また、瞬間的に明確なきよめの体験をする人びともいると、言っているのがヨーロピアン。決して、アメリカンの瞬間的な体験が存在することを否定しているわけではない。実際には、一人の人間の成長のなかでも転機的な部分と、じんわりと変えられていく部分と両方ある。どちらか片方というというのではないのです。

聖会

でも聖会というのは、危ないところがある。なぜなら、「この場で恵みを握って帰ってもらいたい」と説教者が思うので、「つけて、ささげて、今、聖霊を受けなさい」と、そういう言い方になることが多い。それは聖会として盛り上がり、聖会らしいことになるわけだけれども、問題はそこで「自分は得られなかった」と思った人たちが、「自分はダメだ」となったり、あるいは「自分は得た」と思った人たちが「自分は上級クリスチャンである」と勘違いして、いろいろな問題が起こったり、あるいは「きよめられなさい」「こうすればきよめられる」と、言い切る牧師が神格化されていくというようなことも起こるかも知れない。いろいろ問題がある。でも聖書的なきよめには、幅があります。豊かなものです。幅があるというのはいい加減なことではなく、豊かさ。神の恵みはあるやり方では届かない人には、ちがうやり方で届くのです。どんなにしてでも届いていくのです。それは神の心だから。私たちがきよくあることは、神の心だから。

聖化とは関係である

もう一つの質問は、「このくもりのない関係がきよめ。神さまとの関係にくもりがないこと、他の人との関係にくもりがないこと、それは聖書のどこに書いてありますか。」と。確かに聖書は「きよめとは関係である」と書いてない。でも書いてあるとするならば、それは「愛」という言葉が使われているところすべて。「愛」というのは関係用語です。私が愛すると言った時に必ず対象がある。その人を私が勝手に愛したつもりでもなく、私が勝手に一人で愛されたと思い込んでいるのでもなく、必ず、神さまと私たち、あるいは、私たちと他の人びとの間の関係がある。そこで、互いに大切に思い合い、自分を与えていくという関係であることを「愛」と呼ぶ。「愛」という言葉が出てきたら全て関係を表していると理解してくださったらいいと思います。と話したら、「それを早く言ってくださったら分かったのに」と。最初からそう言えばいいんですけども、でも訊かれるから、引き出される。やはり質疑応答が、どれ程大事かというところ。

わたしの心だ。きよくなれ

さて、先ほど内田純先生が読んでくださったマルコのところですけれども、「わたしの心だ。きよくなれ。」とある。「わたしの心だ。」と。神の心の一番深いところのある願いは、私たちがきよくあることです。でもそれは瞬間的なきよめというよりは、神さまと私たちのいのちの関係が救いによって始まり、それがさらに私たちのものになっていく。本質になっていく。変えられていく。

「きよくなれ」という言葉にはそのことが含んでいる。主語は神さまです。きよめるのは神さま。「わたしの心だ。」私たちが真剣に求めたら、ものすごく求めたら、断食して逆立ちして求めたら、きよめられるという話ではない。神が、「わたしの心だ」と言う。私たちは、「いやいや、私のような者がきよくなることなんか到底出来ません」とおじけづくけれども、神さまは譲らない。「いや、わたしの心だ。わたしがきよくする」と。すべて、きよめの始まりはそこにある。きよめの成長もそこにある。きよめの完成もそこにある。神の心だから。もう、あなたは「私のような者は駄目なのです。こうやってぐずぐずクリスチャンになって、ぐずぐずやってきた者は駄目なのです」そういうことを言ってはならない。神に対してそういう抵抗の仕方をしてはならない。「神の心だ」から。

聖化の再発見上8章

『聖化の再発見』上巻の8章です。昨日買っとけば良かったと思っている人がいると思いますけれども、ここがクライマックスです。申命記がこの上巻の8章で扱われている。先ほどお祈りの中でも言ってくださった申命記6章5節の「あなたは心を尽くし、いのちを尽くし、力を尽くして、あなたの神、主を愛しなさい。」が登場する。

「心」と「いのち」と「力」かバラバラにあるのではありません。あなたの全存在をあげて、神を愛しなさい。これまではよく、これを命令として読むことが行われてきた。しかし、「あなたは全存在をあげて、神さまを愛していますか」と言われると、誰でもすまない思いになる。全存在というのはあんまりオーバーオールな言葉。昨日も私は、船田献一・文子先生が用意してくださったもなかを食べてしまった。私の全存在が神のものであるとするならば、高脂血症の私がそんな物を食べていいだろうか、高血圧もあるし、薬飲みながらそんな物を食べることは、私の全存在で、神さまを愛してないのではないか。聖書を命令として読むのならば、私たちは、もなかから始まって、そのずっと自分を責め続ける。苦しい。

でも、これは命令でない、約束です。「わたしの心だ。」わたしがそうしてあげよう。いや、もうすでにそれはあなたの中で始まっている。「あなたはわたしを愛している。そのことをわたしは喜んでいる」そういう約束であり、宣言である。約束と言うとまだ実現してないみたいなので、宣言である。そういうように思ってくださったらいいと思うのです。

やっぱり私たちは、救われた時に、信仰告白した時に「なんとなく信じます」と言ったのでなく、やっぱりそこにはジャンプがあったと思うのです。ここで信仰告白して、そして、このクリスチャンになるということは昨日までの自分とは違う歩みが始まるのだ。そうなるならば、世の中とのいろいろな軋轢のようなものも出てくるだろう。でも、「主よ、私はあなたとともに歩みます」と、私たちは決断をしたのだろうと思うのです。でも神がそうさせてくださった。私が決断することができたのは、神さまがそうさせてくださったから。信じたら救われる、というのはちょっと端折りすぎていると思うのです。私が信じた、と私が主語になってしまうからです。

恵みによって救われる

信仰義認、「信じたら義とされる。」これも端折りすぎています。なぜなら、そういうように言い切ると、私が信じたから救われたのだとなるのです。あなたが救われないのは、あなたが信じてないから。私が主語になっている。神ではなくて。本来はそうじゃない。私たちは神の恵みによって、救われる。

英語で言うと分かりやすい。Justification by faith っていうのは端折った言い方で本来は justification by grace through faith. 恵みによって、神の恵みによって、神のあわれみによって、神の御心によって、あなたはただ神の御心によって義とされた。その通路が信仰。わざではない。良いことしたから救われたではない。ただ神の御心によって、信仰を通して。

信仰は神が与える

信仰とは何か。私の説教集の『アブラハムと神さまと星空と』。これも歌があります。アブラハムは、信じられない。神さまを信じられない。テントの中で、子孫が生まれない、とぐずぐず言っている。そこで神さまがアブラハムを外へ連れ出された。神さまがいつの間にか、テントの中にいる。そして信じられないアブラハムの手を引っ張るようにして連れ出す。

天地を造られた神さまがまるで等身大に身をかがめるように。いったいどれだけかがめなきゃいけなかったか。かがみこんで優しく、手を取るように。神さまは「何で信じないだ。何で信じられないのだ」とは言わなかった。これ下手な教会だとそういうことがあります。「あなた何で信じないの、不信仰だ」と。神さまはそういうお方ではなくて、「信じなさい」と言わなかった。「ちょっと外へ行こう」と言って外へ連れ出した。外へ行ったらそこには満天の星があった。私は、エジプト、イスラエル、ヨルダンを50日間放浪していたことがある。イギリスに住んで居た時に、春休みイギリスに50日間居るよりも、あの辺をうろうろしている方が安かった。それでうろうろしていた。そのときどうしても一つやりたいことがあって、それはシナイ山の夜空の星を見ること。その日のために、暑いなかを、防寒用のセーターとか古新聞とかそういうのをずっと

50日間持ち歩いて、ついにシナイ山に来た。だいたいシナイ山にはみんな、御来光を見るために登る。普通は真夜中から登り始めるのです。私は夜空を見たかったので、夕方に登って行って、そして、頂上の岩陰で星空をは見た。こう手を伸ばすでしょう。この指の幅よりも、星と星の間が近い。分かります？　もっと言えば、星と星との間が1㎝ぐらいみたいなそんな感じです。明るいのです。

神さまが「この星が数えることができるのなら数えてみよ。この星のようにあなたの子孫を増やす」と言った時にアブラハムは信じた。何が起こったか、分かんないのです。星を見たら信じることができた。信じていなかったアブラハムが次の瞬間信じている。神さまが、彼の顔を上げさせた。自分の内側を覗きこんでいた、足元を見ていたアブラハムが顔を上げた時に、彼の心がふっと持ち上げられた。神さまの方を向いた。神さまの顔の方を向いた。その時に神さまが信仰を与えた。信仰は神が与える。

マルコで、病気の子どもの父さんが、「信仰のない私をお助けください」と。そこで、イエスさまがあなたの信仰が救ったのだと言う。本人は自分には信仰がないと言っている。ところが、「あなたの信仰が」とイエスさまがおっしゃった。どこで、その信仰が作られたのか。少なくとも、その父親が信仰のない私と言っている時には、信仰はない。イエスさまが「あなたの信仰が」と言った時に信仰が与えられている。頑張って信じるというのは無理。信仰はいつも神さまが与える。私たちが「神さまを信じている」と言うとき、「神さまを信じている」と思ったとき、その信仰は時々刻々に神さまから与えられている。きよめも信仰も自分の持ち物ではないのです。貯金しておけない。その瞬間その瞬間、神さまとの交わりの内に、その瞬間に神さまから与えられて、電気みたいで、電気は自分で貯めとくことができない。電線がつながってなかったら、電流は流れてこない。そういっても私たちには何がどうなって信仰が与えられるのかはよくわからない。でもわからなくて当たり前なのです。あんまり信仰にかかわる事柄をきちんと整理して、人間の理屈で理解しようとしない方がいいんです。

三位一体がいい例ですけど、分からないです。三位一体で、でも分かっていることは、父は子を十字架につけるほどに私たちを愛してくださり、子は自ら十字架につくほどに私たちを愛してくださり、聖霊がその愛をわからせてくださった。それが三位一体。人間の側から見た三位一体。それぞれが、三つで一つがどうなっているのかなとか、それはわれわれの頭はそのレベルに達してないので、それはわからない。わからなくたっていいのです。なぜなら、信仰とは何より、神さまと私たちのリアルで、ダイレクトで今、この時に成り立っている愛の交わりだから。

愛の交わり

愛は説明できない。全国放送なので、あんまり「和子、和子と言うな」と昨日、和子が言っていました。でも、ほかに思いつかないので、こりずに言いますが、私と和子との愛を言葉で説明できない。パターンに当てはめることもできない。ある日、和子に私が赤い薔薇を買って帰ったとします。すると、和子がすごく喜んだとする。次の日も私が赤い薔薇を渡す。その次の日も渡す。とそうすると、和子はなんか怪しいな、どうなっているのだろうと思い始める。愛はそういうものではないのです。こうしたらああなるとか、そんなことではありません。たくさんお祈りしたらこうなるとか、断食したらこうなるとか、そういうものではない。今ここで、ただ一度限り、神のいのちと私たちのいのちが火花を散らすように交わる時、それが愛であり、信仰というものだと思います。

さていよいよ、クライマックスの中のクライマックスです。『聖化の再発見・上』93頁。ここは、私が読みます。

誓いの更新

第二次世界大戦中のある日、休暇中のひとりの軍曹がロンドンの登記所で、愛する女性と結婚した。後の名優ジョン・ミルズ卿である。それから六十年を経た今年一月十六日、世界中のメディアが注目する中、卿は教会の式典で結婚の誓いを更新した。弱さの目立つ妻であったが、彼女に対する卿の献身は明らかで、立ち会った人びとは深く心を動かされた。卿は長年にわたる　結婚生活において、喜びと痛みの双方を数多く経験した後に誓いを新たにした。はるか昔の最初の誓いはナイーブで感情的なものであった。けれどもこのたびの誓いはずっと重みがあった。愛する人へのずしりとした献身を、卿の輝くひとみは雄弁に語っていた。

私たちは、信仰告白した時に「神さま、あなたに従ってまいります」と言ったでしょう。そして、その後も「私はあなたにささげます」と言ったでしょう。言った後でも、喜びと痛みと失望と不甲斐なさも経験してきたでしょう。でも今日、私たちはまた、「力を尽くして、心を尽くして、思いを尽くして、あなたとのいのちの火花を散らす」と、そのように生きたいと願っている。聖会に集われた皆さんです。皆さんが「そのように生きたい」と願っておられることをよく知っています。

そして、今日私たちがそのように神さまに語るその言葉は、かつて私たちが語ってきた言葉とは重みが違います。あれから本当にいろいろなことがあった。涙を多く流した。怒りも多くあったでしょう。でも喜びもたくさんあった。そして、さまざまなこの神さまとのエピソード。神さまとの物語を私たちは積み上げてきました。そして、なお、かつ「私たちはあなたを、主を、力を尽くして、私は愛する」と言うことができる。神さまとの関係、生きた関係、いつも火花を散らす関係、失敗した時にも神のあわれみはそこを覆っている。そこに赦しと回復があります。何度でも何度でも何度でも。何度でも何度でも何度でも、神さま、あなたを諦めることはしない。「わたしの心だ。きよくなれ」そうだ。「あなたはきよい。わたしのものだ。」だから、なおそこから今、あなたのいのちの流れを堰き止めるものからなお解き放たれて、なお自由になって、なお愛し合おう。喜びをもって招いておられるということを知りたいと思います。

あなたと神さまとの歴史は、あなただけのものです。あなたと神さまだけのものです。私は知らない。誰も知る必要がない。ましてや、聖会講師が、「あなたはまだ足りない」とか言うのは、まるで夫婦の間の事柄に口を出すようなものです。あなたの愛は神さまに知られている。その喜びのうちに皆様がおられるということを私も本当に嬉しく思います。

世界の破れを神さまとともに繕う者

そして私たちは、世界の破れを痛む者。私の中に破れがあり、私を取り巻く人間関係の中に破れがあり、世界に戦争があり、コロナがあり、さまざまな問題がある。世界の破れを痛む心が、神さまの心。どれぐらい傷んでいるかというと、ご自身、十字架にかけられるほどの痛みがそこにある。その神さまの心を知る私たちは、痛むクリスチャン。だから「きよめられたら、もう、私はハッピーです。」「感謝、感謝」と言ってそれで終わらない。感謝と同時にそこには痛む心がある。この世界の破れを痛む心が、私たちにある。それこそ、神の心を分かった者たちの心です。

ではここで、内田先生とロールプレイをやってみたいと思います。内田先生は聖めについてよく知りたいと思っている信徒の方という感じでお願いします。

Q&A

Q　私、あのきよめについて求めているのですけど、きよめられているのか、きよめられていないのか、よく分からないのです。あの、私、きよめられていますか？

A　では、あなたは不安なのですね。なぜ不安なのですか。

Q　なんかどこで、こう決められるのか、そのラインが分からないのです。

A　『聖化の再発見・上』のあとがきのところを読んでいただくといいと思うのですが、言うなれば、そのラインというか、何かはっきりとした証拠とか、なんかランドマークというものがあったらいいのに。それ、とてもよく分かります。でも何かを握った時、それは変質を始めるかもしれません。「私はあの時、ガビンときた」「あのガビンがあるから、私はきよめられている。」「俺にはガビンがあるんだ。」と言い方になっていくならば、そこで、なんか本体が喪失して、恐竜の化石みたいなものだけが残るということになる。「自分はきよめられているのだろうか？」というよりも、ライトクエッション（正しい問い）は、私は神さまの愛を知っているだろうか。神さまに愛されていることを知っているだろうか。詰まるところ、「きよめに生きる」ということは、神さまの愛に生きるということ。神さまの愛を知りそして、その愛を生きるというところが大事です。

古典的なもの言い方ではこう言います。「きよめられているか、どうかなんて、それが気にならない状況というのがきよめられている状況だ」というこのようなことをよく聞きます。きよめられているかどうか、そんなことはどうでもいい。あなたが思いっきり、神さまの愛の中で生きているなら、それでいい。

Q　私は几帳面なのですけど、完全という言葉があるでしょう。聖書でも完全ということがよく言われから、完全なイコール完璧に思えてしまうのです。

A　山上の説教で「完全でありなさい。」（マタイ5・48）とあります。内田純先生から見て、大頭眞一は完全？

Q　すみません。大頭先生はとても完全には思えません。

A　そうなんです。ぼくは完全ではない。もし人がパフォーマンスとして、つまり、成果としての完全を求めるのであれば、私たちはそういう完全には達しないので、いつも自分を責め続けるしかない。何が完全なのか、これは午後の集会でピリピの3章13節から話しますけれども、神さまに向かう姿勢の完全。では例のをやりましょう（写真参照）。「行きますよ、行きますよ、これが私の今日の完全、私はこれ以上前傾することができない。神さまについて理解を深め、聖書について理解を深めるならば、明日はもっとここまでいけるでしょう。今日は私のこれが精一杯なので、これは今日の完全。今日の姿勢の完全です。

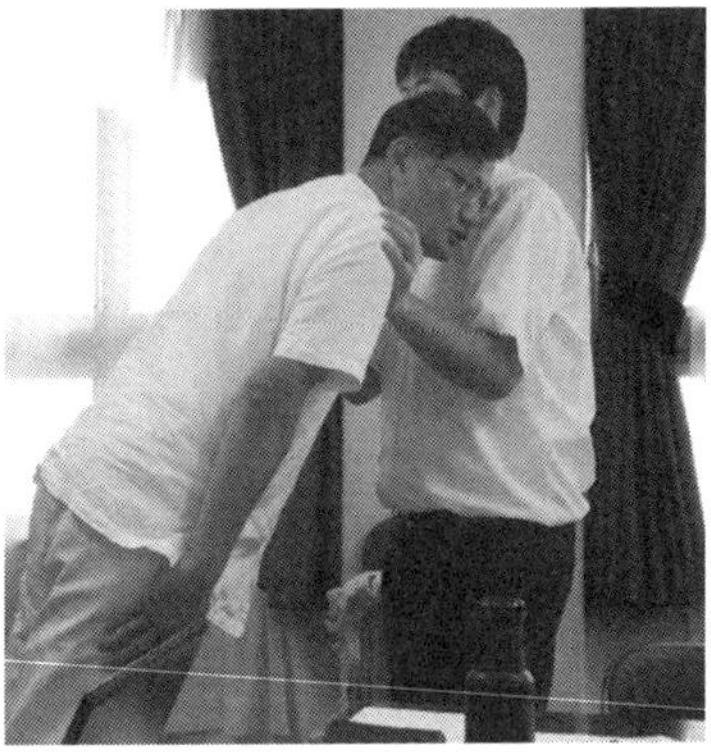

Q そしたら、自分の側としては結構不安定な感じ。なんかこれで安心というそんなものでもない感じがするのです。

A さっきの続きで、主の祈りを、皆さん毎日祈るじゃないですか。主の祈りには「我らの罪をもゆるしたまえ」というところが出てくる訳です。もし、きよめられた人が完全だったら、主の祈りを祈る必要がないということになる訳です。でも罪というのは、この愛の足りない言葉、愛の足りない思い、愛のない行い、これはすべて罪なので、全部愛が足りている人はいないので、全ての人は、やっぱり主の祈りを祈るのです。にも、関わらず完全なのです。

愛がないということがあったならば、それを悔い改め、回復していただき、そして、癒していただいてなお愛に進んでいくというそれが完全。その生き方が完全。悔い改めと回復をともなう完全。

Q その完全というのもなんかこう不安定という感じがする。

A 不安定というよりもっといい言葉がある。動的、ダイナミックな。私と和子さんとの関係は日々動いている。生きているものは動いている。生きている人間と生きている人間の関係も動いている。生きている神さまと人間の関係も動いている。その中には、たとえばどっちにも問題がなくても、誰かが和子さんに「お宅のご主人が女の人と車に乗っていたのを見ましたよ」と言ったとする。和子さんがそれを私に訊かないで、自分ひとりで悩んでいたとするならば、わだかまりみたいものが生じて関係が損ねわれる訳です。わだかまりが生じている。でもそこで和子さんが私に「何かそういう話聞いたのだけど」と訊いて、私が「それはうちのおふくろだよ」と答えたとする。「なんだ。そういうことなのか」となって、なんかいかにも訳ありげに和子さんに伝えてきたその人のために祈らなければいけないという話になっていく。生きている人間と生きている神さま。生きている人間と生きている人間との関係はダイナミックなものです。完成したステージに上がってしまったら、もう二度と揺るがないというものでないのです。それは完成したというより、死んでいる。生きているうちはいろんなことがある。でも、だから楽しい。私たちは誤解を解いたり、自分に愛がなかったら、それを謝ることができる。謝って赦してもらうことができる。「私は完全です」「あなたは違います」というんじゃない。世の中なら「自分が正しい」「あなたは間違っている。損害賠償しろ」そうやって生きている。でも私たちは違う。互いの不完全さえもそれを赦し合い、受け入れ合い、支え合うことができるそういうチャンスとして喜ぶことができる。パフォーマンスは問題ではない。あなたと私との親しい交わりがあることを喜ぶというそういう生き方が教会の生き方。ここでも、きよめは個人主義的なものではなく、個人の持ち物じゃなく、人と人との間に成り立っている関係のきよさ。健やかさ。兄弟姉妹とともに愛を成長させていく。神さまとの愛も、仲間で互いに教え合いながら成長していく。ダイナミックなのです。不安定と言い方をすると、非常にネガティブな言い方ですけど、ダイナミックなんです。昨日と今日、今日と明日で同じことをしてなくてもいいのです。次のステップに進んでいくことができる。生きているから、ますます豊かになる。ますます喜びの満ちたとそういう関係のところに進んでいく。

Q　なるほど、一度きよめられたらもう大丈夫と。今までは思っていたのです。

A　「焚き火相談室」という連載が、いのちのことばの『百万人の福音』という月刊誌に載っています。日本福音同盟総主事で岩上敬人《たかひと》先生という人がいます。その人と私が対談しているんです。その中で岩上敬人先生は、きよめがステータスになっているのではないかという、ステータスつまり地位。「私はきよめられました」その段階でダイナミックなきよめが、きよめバッジになっているのです。きよめバッジを持っているか、持っていないか。そんな話になってしまう。そういうことではない。俗人と関係ないひな壇の上に上がることではない。「きよめられる」ということはそういうことではない。そうでなくて、ますます世界の破れに心を痛めるようになること。神の愛を知れば知るほど痛むだろう。そして、ますます自分をそこに与えていく、貧しくなっていく。それが神の心を知る者の生き方。神さまが与えてくださるきよめといういいものをもらうけれども、その後はもう私は上がりました、ゲームで上がってしまった。すごろくで上がったみたいに。でもきよめは上がったとしても、そこから降りてしまう。「神さま、あなたがそこに行くのだったら、あなたが自分を与えるのなら、私もあなたと一緒に行きます」。それがきよめ。だから、大丈夫という意味では、大丈夫だけれども、でも大丈夫でもない。その後は安泰みたいではない。きよめというバッジをつけて、「君たちも頑張りたまえ」というわけにはいかない。On going という言葉がありますす。going on。続行中、プロセスとも言いますけど、きよめとはますます心が痛んだり、自分を与えたりする。ずっとダイナミックなプロセスです。動きがそこにある。だから一度極めたらもう大丈夫だとか、大丈夫じゃないとかというんじゃない。止まっていない。止まっているとイエスさまはどんどん歩いて行くので、結局、神とともに歩かないことになってしまう。「おいで、おいで」とイエスさまが言うのに、「いやいや、もう私は上がりましたからここでいいです」それは根本から違うのです。

Q　でも、ついつい几帳面なので、今自分は本当にきよめられているか、自分は気になるのです。

A　まあ気になるならしようがないので、一生気にし続けるしかないです。でもそれも、癒されてゆく、人が自分はこれでいいのだろうかという自己評価の低さみたいものがある。あるいは成育歴の中で、あなたはまだ十分ではない、と育てられたという記憶が、鮮明だということがあったりするが、それも癒やされていきます。午後からまた詳しく言いますけれどもこれでいい、自分はこれでいい、自分の存在理由というのは何か、「神に愛されている」これが私の存在理由であって、いいとか悪いかと、そんなことはどうでもいい。全くどうでもいい。一番ダメな時の私、自分でも赦されないような裏切りを働いた私、その私を神が、「お前は、そのままで『私の愛する子だ。』」とおっしゃってくださった。これが、本当にわかっているか。なかなかここが、クリスチャンといえど、ここまではだめなのではないか、私のような者、あんなことをやってしまった者、と思ってしまう。けれども神さまがわからせてくださる。私がいくら言ってもわからないけど、神さまが本当にどん底で分からせてくださる恵みというのがあるのです。「もう私のような者はだめだ」と思う、そこに神さまの恵みが届く。そこでこそ届く。こういう言葉があります。「人間には心の一隅がある。神はそこで私たちに届く」と。誰にも言うことができない暗い一隅がある。牧師が洗礼を授ける前に「悔い改めをしなさい」と言う。悔い改めで言えることは言えるのだけれども、言えないこともやっぱりある。あまりことにその表現が見つからないというようなこともあるし、やっぱり言えないこともある。私は場合にもよりますけど、「自分のは罪があります」と言う人がいたら、紙に書いてもらって、フライパンの上で燃やしたりします。私は読まないですよ。読みたくないし。言える罪はまあたかが知れています。でも自分でもなんでこうなのか、よく分からないような罪がある。この心の何とも言いようがない、ねじれというか惨めさというか、こう奈落の底へスーッと落ち込んでいくような無力感みたいなものがある、そういうようなことです。そんなことを言えないし、言ってもわからないし、でもその心の誰にも言えない一隅において、神は私たちに会う。他のところでは会わない。私のどうにもならない一隅において会う。そこで会ってくださった。そこを知って、神さまが会ってくださった。だから大丈夫。今更、「私のような者は」と言っても神さまは「わかっている」と言う。「いやそれでもこんな、こんな、こんなことがある」と言っても、神さまは「それがどうしたの」と、わかった上で、神が私たちにご自分を与えてくださったのに、もうぐずぐず言うな、と申し上げたい。すでに贖いの出来事は成し遂げられ、そして復活によってもういのちが私たちに注がれている以上もう私たちには何も言うことはない。

Q（司会） はい、終わりです。ありがとうございます。

関係におけるきよさ

関係におけるきよさを語っていますが、私と神さまとの関係が健やかであるかどうか、私の他の人との関係が健やかであるかどうか、つまり、一人できよくなることができない。相手との関係がどうかなので、自分一人が勝手にきよくなることができない。だから、私たちは愛を学ばなければならない。失敗した時にどうやって謝ったらよいのかも学ぶ。私たちは謝り方も分からない。だから、つっけんどんに言ってしまったりして、いろんなことが起こる。すると「それは謝っている態度か」みたいなことを言われたりして、「せっかく謝っているのに、なんや」「それ謝ってないじゃないか」みたいな話になってくる。心が通じない。でもできることがある。それは、お互いをともに嘆くことができる。どっちがきよいかという競争をしてはダメです。愛し合うことができない、赦し合うことができない、そんな互いをともに嘆く、そして、愛することを助け合う。その率直さ、相手への信頼ともいうことができます。「いや、あなたに謝りたいと思うのだけど、どうやって謝ったらいいか、分からない」と言ったら、「ほんまにアホやなあ、謝り方も分からないんか、でもよう言ってくれたなあ」というところから本当の関係が始まっていく。

いろいろな不祥事が起こる時に、なんかいきなり土下座する人がいたりする。それは違うだろう。あるいは土下座の仕方が悪いとか、本当に額がついていないとか。それも違うだろう。欠けある人間同士が、謝り方が悪いとかなんだかとか、やっぱり互いの足りないところを暴き合っている。人間の中にまるで正しさがあるかのように、そこから減点で互いを痛めつけ合っている。それが世界の有りさま。きよい人とは率直な人。自分が本当に何をどう言ってよいか、分からない。でも何だか、悲しいのだと。「あなたと最近普通に会話することができないことを私は悲しいのだ」。これが教会の外の社会だったら、そういうことを言うとつけ込まれるかもしれない。でも、キリストのからだである私たちは、そこで開かれた心を持って、「そうか、あなたは悲しいのか、私も悲しかった」と。どうしていいかわからないけれども「悲しいね」と互いに言い合って、手を取り合うところに成長が始まる。神の前に、人の前に率直であることができるか。神を信頼するならできる。率直な関係を成り立たせるのはやっぱり神への信頼なのです。

パッション（熱情）

仮に私が柔らかい脇腹をさらして、そこにしたたかに喰いつかれたところで、神の恵みは終わりにならないのです。大丈夫です。たとえ、私がそこで噛み裂かれてしまっても、その肉片から血が飛び散って、その血がやっぱり世界を潤していく。実際にはそうはなりません。神さまが助けてくださいますから。

でも覚悟としては、やっぱり私は自分を与えていく。この世界に和解と本当の率直さとともに生きるいのちを与えていく。そのパッション（熱情）。ともに生きることへの熱情。キリストのからだが率直な健やかなからだであることへの熱情。

ここまでのことは、『聖化の再発見上巻』の一章、二章に詳しい。東京聖書学校の原田彰久先生が『本のひろば』という雑誌にこの本の書評を書いてくれた。そこに書いてあるのは、「一章、二章を繰り返して読みなさい。上巻の一章、二章が大事だ。」と。その二章の終りに、「聖化のスタートポイントは受肉のイエスだ」と書いてある。イエス・キリストは本当の人間であった。神が人となった。本当の人間になった。つまり、私たちの同じ弱さやまた痛みを抱えた人間になった。ハンディキャップがなかった。イエス・キリストと私たちはまったく同じ条件です。

私たちが時に捕まえられそうになる言いようのない虚しさ、無力感。それもイエス・キリストはご存じだった。にもかかわらず、罪のない人生を送ってくださった。だから、そういう可能性をイエスさまは開いてくださった。キーになっているのは、やっぱり神との関係、神さまとの愛の関係、パッション。この健やかさに仲間とともに生きることへの熱情――そのモデルを作ってくださった。でも、モデルがあっただけではそのモデルと同じように生きることはできませんから、もう一つ、イエス・キリストは死に至るまで復活に至るまで従順であったために、私たちにいのちを与えられている。モデルがあって、そのモデルと同じように生きることができる。条件はすでに十字架と復活によって、私たちに与えられている。

ダメージの回復

ところが、そうなのだけれども、なかなかうまくいかない、それは理由があります。それは私たちがダメージを受けているから。そのダメージの回復が必要で、その回復には時間がかかる。30年かかって虐待されてきた人間が一瞬でその虐待のダメージから回復することはあり得ない。人に誤解され続けて来た人びとは、ちゃんとわかってもらえる経験を同じ分だけ積み重ねないと、やっぱりそこから癒やされない。マルコの福音書から二つのところ読んでいただきましょうか。

イエスは弟子たちに言われた。「あなたがたは、みな、つまずきます。『わたしは羊飼いを打つ。すると、羊は散らされる』と書いてあるからです。しかし、わたしは、よみがえった後、あなたがたより先にガリラヤへ行きます。」（マルコ14・27、28）

青年は言った。「驚くことはありません。あなたがたは、十字架につけられたナザレ人イエスを探しているのでしょう。あの方はよみがえられました。ここにはおられません。ご覧なさい。ここがあの方の納められていた場所です。さあ行って、弟子たちとペテロに伝えなさい。『イエスは、あなたがたより先にガリラヤへ行かれます。前に言われたとおり、そこでお会いできます。』と。」（マルコ16・6、7）

今読んでいただいたところに「あなたがたは、みな、つまずきます」と書いてある。みなつまずくだろう。そして、16章のところでは、イエスはよみがえられた、あなたがたより先に、あなたがたの道のりを越えて。そして、あなたがたを回復させてくださる。何度でも何度でも何度でも回復させてくださる、と語る。

このマルコの福音書はきよめについて大きなメッセージを語っている。「きよめのメッセージ」

というとだいたい、パウロからです。ローマ書とガラテヤ書から語られる。パウロは誰から福音を聞いたのか、彼は、イエス・キリストから直接聞いたと言っている。パウロの書簡というのは、ある教会に対する問題があった時に「あなたがたはここが問題だ。福音から外れている」と言って指摘をした。その前提になっているのは福音書です。なので、パウロのローマ書やガラテヤ書の一部の章節だけを強調すると、本来きよめとはどういうものであって、そこからどう外れているのかという話にならない。本来、イエスさまがどう生きることを求めておられるか、ということは福音書をきちんと読む必要があります。ローマ書の5章、6章、7章、8章とガラテヤ書2章だけ読んで、「きよめがわかりました」と言ってはならない。マルコは道として、この私たちのクリスチャンの歩みを捕らえている。道を歩む。仲間と一緒に道を歩んでいく。主とともに歩んでいくその中で、取り残されたりとか、仲間が戻ってきて助けてくれたりとか、それがクリスチャンとして生きること。ステータスを得て座り込んでしまうことではない。先に進め。いろんなことがあるだろう。つまずくだろう。でも主がもう一度、さらにもう一度、主が、立ち上がらせてくださる。「だからあなたも行って同じようにしなさい」と。そうしなさいと教えてもらっている。「聖化の再発見」下巻の35頁にこうあります。マルコは聖化について何を教えているかというところです。

キリスト者の聖化とは、

・「すべてを捨てて従って来なさい」という招きへの応答から始まる。聖化には出発点がある。それはイエスと最初に出会った日かもしれないし、あるいはそれからしばらく経ったある日かもしれない（マルコ1・16〜20、3・13、8・34）。マルコが描くイエスによる招きのモデルは唯一ではない。二段階で癒された目の見えない人もいれば（同8・22〜26）、癒やされてすぐに、道を進むイエスについて行った目の見えない人もいる（同10・46〜52）。

・旅である。キリスト者の聖化には従うと決めたその瞬間から、心を尽くした献身がなくてはならない（同1・20、10・17、10・28参照）。この道は終わりが決めておらず、弟子たちは「白紙委任」の状態で従って行く。鍵となるのは従っていくことであり、理解することではない（同9・31、10・31〜33）。従うことと理解することの間には緊張関係がしばしば存在し、神の助けと恵みがないかぎり、従い続けることは不可能である。（聖化の再発見下、35、36頁）

そして、マルコの聖化の神学の中心はイエス・キリストの受難。

イエスの受難が中心である。イエスは死と復活を通して、神殿に代わって神が住む場所とな

る新しい契約共同体つまり教会となるように、弟子たちを任命したのだ。(聖化の再発見下、37頁)

神の宮がここにある。京都聖徒教会という一つの教会のことではない。組織や制度やそういったものではなくて、その時々にいのちの火花を重ね合わせながら集っている人びとを教会と呼ぶ。神さまが本当に喜ばれる、神さまが本当に愛してやまない、神さまがこの世界を回復するための切り札としてくださっている私たち教会がここにある。ズームでつないでいたり、ユーチューブライブでつながっている、今ここに立ち上がっている教会があります。

神の国の宣言へとともに参画して行く参加していくことである。十字架を負って仕えることは、選ばなくてもいい選択肢でも、中途半端な献身はあり得ない(同8・33〜38参照)。結果として悪に立ち向かったり、福音に対する反対を経験することになるだろう。(聖化の再発見下、37頁)

結婚生活を続けていこうとするならば、いろんなところそんなことがなかった方が良かったのに、互いのどちらかが健康を害し、いろんなことが出てくるだろう。「親がどうした」とか「こうした」とか出てくるだろう。でも、それは、互いに対する忠実に生きる生活の一部分です。失敗も経験するだろう。弟子たちはイエスに従い続けるが、その進歩の道は平らでなく、痛みもある。彼らは小さなことにも大きなことにも失敗する。しかし、大きな試みに直面して失敗するときでさえも、イエスは彼らを回復させるのだ（同14・27、16・7参照）。（聖化の再発見下 37、38頁より）

私たちを回復させて、回復させることによって、失敗する前とはもっと違った、もっと痛みを知った、もっと自分を与えることができる、そういう人びとに変えられていく。

神さまは本当にひどいことをする。時々は、本当にアスファルトの道路に顔をこすりつけられるような体験をさせられることがあります。神さまひどいな、まあ神さまがやっているわけでもないのだろうけど、そういう時もある。その時は、ここから何か良いものが生み出される、なんていうのは決して分からない。だけれども、でもそこを通ったあなたは、自分でそんなところなんか通りたくはなかったけれども、今から考えてもそんなことなどなかった方が良かったけれども、でもあなたは、やっぱり神の心をさらに知る人になった。なかった方が良かったけれどでも、やっぱりそうなったなと認めざるを得ない。なんでそうしなければならなかったのか、他に成長の手段がなかったのか、それは神さまが意図してやったのかどうかとか、それはわからないのです。でもわかることは、私が、10年20年前よりも神の愛と痛みが分かる人になったと。有頂天に喜ぶというより、ため息をつきながら述懐する、そういう感じですけれども。それがこの世界の破れを、私たちと同じような、あるいは、もっと大きな痛みの中にうめく人びとを、立ち上がらせることにつながっていくのであるならば、もう私たちは神さまのなさったことの善悪を言うことはすまい。神さま、あなたのなさったことは、まことに耐えがたいことではありましたけれども、私はそれでいい。こうでなければよかったけれども、もうこうなってしまった以上はあなたが、私を用いてください。これはスッキリした話ではないですけど、だんだんそういうふうに追い込まれていくというか、変わろうと思って変えられていくのでもないけれども、やはり神さまは最善以下のことをなしたまわない、ということもまた事実であって、もう私は神に対してことの善悪を言うことはしまいと。今思うのです。

《第67回京都聖会Ⅲ》

主のいのちあふれて——仲間がいる

コロサイ人への手紙3章12節です。
ですから、あなたがたは神に選ばれた者、聖なる者、愛されている者として、深い慈愛の心、親切、謙遜、柔和、寛容を着なさい。

このところから「主のいのちあふれて——仲間がいる」と題して大頭先生に語っていただきます。

説教

こうして聖書の箇所が変更になったりするわけですけど、生きている人間が生きている人間に語っているので、いろいろ変わることもあります。第二の聖会の後、質疑や感想などを承りました。その一つに、「自分は割と完璧主義のような性格なんだけれども、こういう性格はどうでしょうか」というご質問がありました。私が思うにその性格は私にはない。私の性格は行き当たりばったりっていうのでしょうか。"Don't think. Feel."というブルースリーの名言、「考えるな、感じろ」ということを座右の銘にしている私にとっては羨ましい限りですね。完璧を目指してやまない人びとが、電車を時刻通りに走らせ、また発電所の制御装置など色々なものをきちんと作っているから世界が成り立っているので、それはとても尊いことですよね。ただもし何かを付け加えるとするならば、軽く握れ、自分のこだわり、自分の特性、自分の特技、自分の大切にしていることをそれもみんな軽く握って、主が許したものはそのようにやればいいし、そうじゃなくてここは違う時だって思うならば、いつでも手放せるように軽く握ることだと思います。そして軽く握りながら、自分の置かれた場所で、自分が遣わされているこの使命をきちんと丁寧に、そして機械的にではなく愛を持って生きるならば、次の一歩は神さまが開いてくださるだろうと思います。質疑応答の時には言わなかったのですけれども、一歩歩み出すということはとても大事なことだろうと思うんです。山を登っていると、30㎝の一歩を上がると、景色が全然開けて見える。ルートが見えてなかったところがちょっと上がるとその先の道が見えて。たぶん人生っていうのはそういうふうにできていて、最初から全部がきちんとわかっているわけじゃない。でも一歩歩んだらそこで見えてくるものがある。今はまだ見えないものが。その一歩を歩ませるのは何か。神さまという方に対する信頼なんだろうな。そんなことを思いました。

また、「『きよめ』とは何ですか」という質問がありました。この聖会の最初からそのことをお語りしているわけですけれども、しかしそういう質問が出るっていうことは、やっぱりその時その方が心を動かされている、心を捉えられている何かがあるだろうと思うわけです。だから「きよめ」とは何かというこの質問に対する答えは、時々刻々と変わる。いい加減といえばいい加減ですけれども。「きよめ」は神の心を生きること、神の心がわかるというか染みてくるというか。そうしなければならないからでもなく、そのように心が導かれていくというか、自分が神の痛み、神の願いに心を寄せる人びとになっていくことなんじゃないか」と、その時はお答えしました。また違う時には違う風に答えるかもしれませんが。なんでそうなるかっていうと、生きておられる神さまとの関わりあいの全てがそこに含まれているので、1＋1＝2みたいにはならないんでしょう。

たとえば「和子さんというのはどういう人ですか？」って聞かれた場合、紋切り型の答えはないわけで、その人がどういうことを思って聞いているのかなとかいうことによって、答え方は変わると思うんですね。「聖化」とは何より神にかかわる事柄であり、神さまというお方のご人格にかかわることなので、汲み尽くせないというところだと思います。だから楽しいのかもしれないと思うんです。

また、ある方の「すっきりしました」という言葉を聞いて、私もすっきりしたわけですけれども、いろんなことがその言葉には込められている、その方がこれまでに味わってこられた痛みのようなものも、ひょっとしたらそこに漂っていたのかもしれないと思います。すっきりして良かったです、本当に。

今からは大変危険な時間帯に差し掛かってまいります。1時間半に及ぶ説教を聞いて、ご飯を食べた後ですので、みなさんが不覚を取ることはまず間違いない。私は覚悟して、もう全員がそこに倒れ伏して寝ていても、私は語り続ける。私には YouTube の皆さんがついていますので、私は語り続ける決意を持っています。安心してお休みくださったらと思います。説教者なんて孤独なものですから、だいじょうぶです（笑）。

先ほど聖書の箇所が変わったのは、ピリピのところは午前中にやりましたから、もうそこはよいだろうということです。要するに姿勢の完全です。前に向かって体を伸ばし、後ろのものを忘れ、ただ一つのものに向かって、この体を伸ばす。エペクタシスという言葉。前に向かって体を伸ばす。この姿勢の完全、これが聖化。完全とは、過ちを犯さないという完全じゃない。過ちを犯したたならそこで悔い改め、回復されて、また立ち上がる。神に向かってこの手を伸ばしていく、体を伸ばしていく、それを完全という。聖書はそれを完全と言うんです。「あなたがたの父が完全であるように、あなた方も完全でありなさい」というマタイ5章は、到達不可能な目標へ私たちが鞭打つために書かれている言葉ではない。そうじゃなくて、私たちの神の愛への切ないような願いや求めを、神は憐れみ深くも、あなたはそれでよい、それが完全だと見なしてくださる。パフォーマンスの完全じゃない。業の完全ではない。姿勢の完全です。その姿勢の完全が、自分で思っているほど完全でなくたって構わない。仕上げてくださるのは神さまですね。

今度はコロサイですね。コロサイ人への手紙3章は、『聖化の再発見』の本では下巻の19章がそこに当てられています。今、お読みいただいた中で「ですから、あなたがたは神に選ばれた者、聖なる者、愛されている者として、深い慈愛の心、親切、謙遜、柔和、寛容を着なさい」と普通に読むと、これまた律法じゃないか、命令じゃないか、要求じゃないかと思うわけですが、愛されている者として、聖なる者として、既にあなたがたは聖なる者であるから、愛されている者であるから、そのように生きろと言っている。あなたがたが、そのような存在であるところを生きろと言っている。あなた方は聖なる者、愛されている者として、そうじゃないけどそういう者としてという意味じゃない。あなた方は聖なる者なんだ。聖なる者だから聖なる者として生きろと、当たり前のことを言っているわけです。できないことを言っているわけじゃない。聖会というのは本来、そこに気付かせる為にあると私は思います。私たちがだれであるのか、神の聖なる者であるということを言われなきゃ忘れるから。何度聞いてもすぐ忘れて、聞いた5分後に忘れているんですという方がどこの教会にもいますけど、そんなもんです。私も自分が説教している時以外は忘れていますから、だいじょうぶです（笑）。聖なる者。でもそんなに大きな恵みは、人から言われなきゃわかんないんです。聖なる者なんです、皆さんは。この喜ばしい幸せをお伝えするために、私はここに立っている。神が聖としてくださった、心を尽くして神を愛することを願っている人びとがここに集っている。聖なる者が、心を解き放たれて、自分を聖ならざるものに引き下げようとするあらゆる力から解き放されて、今聖なる者としてここに立っている。このことを思い出すために聖会はあります。

同じようにローマ人への手紙5章5節ですね。この希望は失望に終わることがありません。なぜなら、私たちに与えられた聖霊によって、神の愛が私たちに、私たちの心に注がれているからです。注がれているんです。既に、今、神の愛が心に注がれていて、「聖なる」以外の生き方ができるか。新約聖書にはもう既に実現した恵みと、今からさらに実現して行く恵みの両方が描かれていることは、よく言われることです。けれどもキリストが十字架にかかって復活された以上、新約の恵みは圧倒的に既に実現した恵みだ、このことを私たちは知っておく必要がある。もう既に実現している。そして私たちは死ぬ、すべての人は死ぬ。でもこの実現した恵みは死んでも続いていく。今ここにある神との愛の交わりは、死んだってそこを超えて続いていく。そして復活に至る。人は生きたように死に、死んだように復活する。神の胸の中で生きた人間は、神の胸の中で死に、神の胸の中で死んだ人間は神の胸の中に復活する。もう既に、その一番大きな部分は始まっているわけです。上から注いだシャンパンが溢れて、次々下の段を満たしていく、シャンパン・タワーというのがありますね。愛を絞りだそうとすることはできない。愛は溢れるほどに注がれて、私たちから溢れてほかの人びとを潤していく。私には愛がないから愛さなければならないと思って絞り出すと、ただでさえ少ない愛が枯渇するので、それはやめた方がいいです。そういうときは翼を垂れて休むがよい。神の愛が、もう私たちに注がれている。注がれているから、やがてあなたは満たされて溢れ出すだろう。心から喜んで、自分のもっとも自然なかたちで溢れ出すことができる。

しかしそれを妨げているものがある。愛することができない私たちがある。最初の聖会で申し上げましたけれども、罪とは心の傷や病のようなものであって、私がキリストのものとして生きようとするとき、お前のような者はダメだと、私が犯した罪をもって私を責め立てて、キリストの恵みから引き離そうとする力がある。そしてそれにまんまと乗せられて、「私のような者はダメなんだと、まだまだダメなんだ」という風に自分を痛めつけて、まるでどんぶり鉢にビー玉を落とすと、ころころ転がって一番低いところに行ってようやく安定するように、「自分はダメだ ダメだ最低の者なんだ」、そういうところにうずくまってしまいたい私たちがいる。けれども、私たちはそのように生きる必要はない。あるいは自分の傷をかばって、「いや、私はひとかどの者なのである、人から後ろ指を指されてああだこうだと言われるような人間ではないのである、そんなことは決して許さない」と言って、心を固くして、心を鉄のように固くして生きていくことも、しようと思えばできるけれども、私たちはそんなことをする必要はない。傷ついた私たちをキリストはいやす。たとえば私たちがバイブルキャンプに行って、私は罪が分かりましたと言って、涙の悔い改めをする。それはそれでいいんだけれども、私たちの傷は私たちが簡単に気づくような浅いところにあるとは限らない。むしろ自分でも気がつかないような潜在意識のそのまた奥に潜り込んでいる傷があって、それが私たちの人生をコントロールしていることを、多く見るんですね。しかし幸いなるかな、神の恵みは、自分でも気が付いていない深いところにある傷や病をいやすことができる。私が悔い改めたとか、悪いところに気が付きましたとか、簡単に言葉にできるようなことは、浅いところにあるものです。何とも言えない、私の深いところにある、見たくもないような、まともに覗き込んだならば絶望しかないような、そこにキリストは届いてくださる。本当に届いてくださる。言葉にできることは、限られたことに過ぎない。両親や兄弟や友人との関係においても、いろんなことがあります。いろんな思いがあり、いろんな歴史があり、いろんな傷がある。でもそれをだれよりもご存じで、私たちよりもご存じで、私たちよりも傷んでくださった方が、私たちにはおられる。私たちはある程度、痛みや傷に対して鈍くなっている。鈍くならないと生きていけないから、鈍くして生きてきた。でもキリストの罪なき心は、私たちの何十倍何百倍何千倍も私たちの痛みを鋭く感じて、それをすべて負って十字架の上で贖ってくださった。その恵みを自分のものにするために二つのことが大切だと思います。一つはみことばの湯治です。「まだ充分ではない」と言う声が、絶え間なく聞こえる。だれかに言われているのかと思ったら、自分の声。「もっと祈らなければ、もっと聖書を読まなければ、もっと献げなければ、もっときよくなければ、もっと奉仕しなければ、もっと、もっと、もっと」と私を責め立てる声がある。でも聖書は何と言っているか。「わたしの恵みはあなたに対して充分だ」という。聖書に出てくるさまざまな人物を神さまはそのまま受け入れる。「もうちょっとましになってから出直して来い」とは言わない。放蕩息子のたとえで、あの父がもっとも気にしたのはだれか、それは放蕩息子ですね。99匹の檻の中にいる羊じゃなくて、一匹の羊。神とはそういうお方。おかしいんです。99匹を危険にさらして一匹を探しに行くのはおかしいんです。こういう言い方をするのが許されるならば、神はおかしな神であって、なによりも神でありながら人となり、私のために十字架にかかって、そして滅びを選びとられた神は、おかしいと言えばおかしいだろう、と思います。でも、だから私たちは、今ここに集っている。み言葉を味わって欲しいと思います。みことばの湯治ですね。湯治は温泉に入ることなのだけど、私のように5秒ぐらいしか湯船に浸からないのはダメなんです。湯治では何度も何度も浸かる。長い時間浸かる。何度も何度もみ言葉を読む、み言葉の湯治をする。そうすると芯から温まって、芯からいやされていく。その時に注意するべきは、「そこから教訓を読み取るな、聖書からこまごました教訓を読み取るな」ということです。聖書のどこの箇所からでも「祈りが大切ですね」って言う人がいますけど、ほんとうにそういうことが書いてあるのか。そうじゃないと思います。特に旧約聖書を読んでいただきたいと思います。旧約聖書は新約聖書の三倍の分量がある。新約聖書は結論だけ書いてあるので、だから「いつも祈りなさい」といったことが書いてある。でも、その背景になっているのは旧約聖書。神がいかなるお方であるのか、神がどのような大きな愛をもって神の物語を導き続けておられるか。人を造り、世界の破れを痛み、モーセを送り、預言者を送る。そうやって、この世界の回復に今も努めておられる、今も働いておられる。そして時満ちて、イエス・キリストをお送りになった神。神がいかなるお方か、神さまの体温を、旧約聖書の物語から感じる。「こういう時にこうしたとか、こういう時はこうすればいいんだ」とか、そういうマニュアルが書いてあるわけじゃない。神さまそのものの、神さまの体温がここにぶつけられている。旧約聖書は物語の形で書かれていますね。物語というのはうその話ではない。フィクションではない。主人公がいて、脇役がいて、事件が起こり、結末がある、筋がある。それが物語。聖書は、なぜそういう物語で書かれているのか。私たちがだれかを知ろうとする場合、あの人は公明正大な人でなんとかかんとか言われても、よくわからないわけです。でもあの時にあの人は、あのかわいそうな人に向かって手を開いて、こういうふうにしてあげたんだよと言われたらわかるでしょう。神がいかなるお方かを、その手触り、体温を知るために、聖書を読んだらいい。そうすれば自分がどれほど愛されているかがわかる。みことばの湯治ですね。

もう一つは リハビリが必要です。我々は愛なき世界の中で生きてきたので、愛そうと思ってもなかなか思うように体が動かないわけですよね。だれかを親切にしようと思って、助けてあげようと思っても、言葉が届かなかったりすることがありますね。以前私は「教会は失敗しても良い、愛の学校だ」と言いましたら、横田法路先生から「今の学校は失敗しづらい、むしろ実験場ではないか」と言われ、それ以来「教会は愛の実験場」と言っています。失敗していいんです。安全なところで失敗することが大事で、いきなり会社や学校で愛の実践をやるのはなかなか難しいです。でも教会はそうじゃない。だれかが言葉足らずであっても、「あ、こういうことが言いたかったんだろうね」、「でもそういうときは私だったらこう言うかな」と、互いに教え合うことができる。そういう愛の実験場、それが教会ですね。ある教会の聖会で今日のようなことを語りました。終わった後、会堂の端と端、一番離れて座っていた2人が、会堂の真ん中に歩み寄って、何時間も語り合っていたことがありました。そこの教会の牧師が「実はあの二人はこの教会の中心的な人たち。ところが合わない。賢いのでぶつかったりはしないが、お互い挨拶だけぐらいでこの10年ほどこうやってきた。だからここに今奇跡が起こっている。あの二人がずっと語り合っている。これは奇跡なんだ」と言っていた。その後どうなったか知りません。しかしそこに愛の実験が始まった。これはとても大きなことではないでしょうか。なぜならその愛の実験は教会ではとどまらない、教会に終わらないからです。教会役員は、任命式とかで「模範になれ」などと言われるので、それを聞くと役員を務められないとみんな思う。でも、そういうことができない私たちだから役員に選ばれている。補い合い、助け合う。教会役員会は、教会のあるべきモデル。でもそのモデルはひとりひとり完全な人たちが、完全さを競い合っているモデルではない。できないことはできないと言い、自分に助けることができる部分は助けてあげると言い、間違ったならば許してもらってもう一度やり直す。何度でも何度でも何度でも。それが教会です。

　そのように教会で、み言葉の湯治と愛のリハビリを通して養われた人びと、成長した人びとが、社会に出て行く。私は教会の中の奉仕というのは、そんなに人生を懸けてやるようなもんじゃないなと思っています。私たちの主戦場は、それぞれが家庭であり、職場であり、地域であり、そこで愛に生きることができるかに全てが懸かっている。もちろん教会でさまざまな奉仕をしたいという方は、やったらいいと思います でも自分の置かれた場所でのことを、おろそかにすることがあってはならない。世界の回復のために。これは京都教区で去年から今年にかけてやった、鎌野直人校長の「聖書を読もう」というYouTubeシリーズを見ていただくとよく分かりますけれども、神には目的がある、この世界を回復させる、破れてしまったこの世界を回復させる。その回復は決して機械的なものではないということです。

修復的司法という言葉があるんです。この「司法」ってのは裁判のことですけれども、普通の裁判っていうのは罪を犯した人間に罰を与える。罰を与える目的は二つです。一つは被害者あるいは被害者家族の感情に考慮する、そしてもう一つは二度と罪を犯させないために罰を与えて懲らしめる、それが通常の刑罰による司法。しかしアメリカなどでは、修復的司法が最近注目されている。たとえばこういうことです。ある青年が、町で喧嘩して他の青年は殺してしまった。で、そこにお母さんが残される。このお母さんは、犯人が死刑になったらそれで幸せになるのかというと、そういうことではない。人間はそういうものではない。そこでどういうことをするかっていうと、最初は、十何人のサポートが付くんです。それで母親と、その犯人を対面させる。おたがいの心を守るために、あるいは語り合う筋道をつけるために、いろんな専門家が必要だったりするわけです。そういう安全な場所の中で出会う。最初は大抵、犯人の青年は「オレが殺されたかもしれないんだぜ。何が悪いんだ。自分の身を守っただけだ」とうそぶいているわけです。けれどもやがて気が付く。自分の息子をなくしてしまった、目の前にいる女性の、生きている人間の生きている涙を見る時に、心がすさんで傷ついていた青年に、人間らしい感情が蘇ってくる。そしてやがて、自分のしてしまったことの重大さにうなだれるときが来る。日本の昔話には、親を殺した息子が「自分の親を殺して何が悪いと」言って、殿様の命令で儒教か何か教えて、「本当に私は悪いことをしました」と分かったところで彼を打ち首にしたって話がありますけど、救われない話だと思います。修復的司法の場合はまだ先がある。修復的司法が目指しているところは、赦しでさえもない。和解。母親が犯人に「赦すよ」と言うだけではない。いつも上手くいくとは限らないと思いますけど、どういうことが起こるかというと、やがて刑期を終えた青年が「ママ」と言って母親を訪ねていく。で、二人はハグし合う。それはのうてんきなハッピーじゃない。二人の間にはいつも、その命を失ってしまった人間が居る。その悲しみ、その悔いは、なくなることはない。ずっとそれはある。だからと言ってそのことのために、二人の人間が自分の人生をダメにして生きて行くのではない。むしろそのことを通して、その母をケアすることを喜ぶ気持ちもまた、悲しみと同時にある。また、自分の息子を思う痛みがありながら、しかし一人の青年が今立ち直って、自分をハグしている、人間になったということを喜ぶ気持ちもある。悲しみと共に喜びがあり、喜びと共に悲しみがある。ましてや神が、私たちに罪があるからといってその罪を罰し、あるいはその罪の身代わりに御子を十字架にかけて、それで満足するお方であるはずがない。本当の和解を、そこにある共に生きる喜びを、与えないではおられないお方。旧約聖書を読んだら分かる。神が目指しているのは、世界の回復。それは私たち一人一人の回復から始まって、私たちの教会の仲間との回復から、そこを通って、その愛は世界へと流れ出し、世界の回復をもたらして行く。私たちはみんな工事中。でもそういう愛を私たちが目指している、そういう愛を私たちが生きていくことができるんだと思ったら、工事がどれぐらい進んだかなんかどうでもいい。その工事の中に身を置いている喜びが、私たちの生きる喜びの原動力になる。

サクラダ・ファミリア教会の建設では、日本人の彫刻家も働いている。もし私のような粗雑者が彫刻家たちの中にいて、大理石を削っていたとしたら、適当にコンコンやってズルっといって、やってしまった、こんな大きな傷をつけてしまったということになると思います。でも心配しなくてもいい。神はその傷を用いて、最初に計画していた装飾よりもはるかに素晴らしい、そういう結果をもたらすことができる。私たちがこれまでの人生で受けてきた傷、与えてきた傷、それはもう取り返しがつかないし、あんなことがなかったらいいと思うこともしばしばなんだけれども、しかし神のあわれみは、それをそのままにしておくことはできない。あなたでなくては作り出すことができない、そういう喜び、この世界にそういう回復をもたらしてくださる。人に語ることもできない、見せることもできない、あなたにある暗い部分から神さまはこの世界に光を創り出すことができる。私たちの深いところにある傷もまた私たちを作り、そしてそうでなければ見ることができない愛を作り出すことができる。神さまは本当に良きお方なんです。

9月22日に友を失いました。彼は色々問題を抱えた少年たちに寄り添って生きる、そういう仕事をしていた。想像するにその仕事ぶりは、キリスト者として筋が通ったものであり、職場の人びとにも良い感化を与えていたに違いないと思う。そういう意味では、地上の生涯は終わったけれども、今も彼のうちにキリストは証をしていると思います。この人はやがて復活の時にその実を見るであろうと思う。私たちは死んでも実を結び続けるという、そういう人生に入れられている。

この間、「私たちの過去はもう贖われているから、過去を生きるな、今を生きろ。私たちの過去の、どんなに頭を掻きむしりたいような罪や失敗も、キリストが全部引き受けてくださって、あなたは生きろと言ってくださっている。そして私たちの将来は、明日は、いろんな不安や計画や心配があったとしても神さまのみ手に握られているから、だから、私たちは今日生きればいい」というようなことを言っていたら、「15年前にも同じこと言っていましたよね」とおっしゃった方がいました。それは進歩がないということでもありますが、肝心なところがぶれていないとも言えるかもしれません。今日を生きるということ。今日、愛に生きることができないからといって、破れかぶれで明日に懸ける必要はない。昨日が愛なき昨日だからと言って、その昨日をずっと振り返り続けて昨日に生きる必要もない。この日を生きる。今日を生きる。きっと私たちには勘違いも色々あるんだけれども、でも勘違いなりの力を尽くして、今日、神と人とを愛して生きる。やがてみんな死んでしまう。人はみんな死ぬということを、人が死ぬ度に本当に思います。本当に人って死ぬんだなと呆然とします。私もやがて死ぬ。皆さんも死ぬ。でも死ぬということは、神の胸の中に倒れ込むこと。私たちが倒れ込む先は、だれも支えるものがないそういうむなしいところに再び堕ちていくのではない神の胸の中に倒れ込むその日まで、命がけで、命がけなんて言うのは大げさですから、今の私に無理なくできる精一杯でじゅうぶんです。神の胸の中に倒れ込むその日まで私たちは生きる。人が生きたように死に、死んだように復活する。神の愛のうちに生き、神の愛のうちに死に、神の愛のうちに復活する互いを喜びたいと思います。

〈質疑応答〉

大頭　ちょっと湿っぽくなっちゃいましたけれども、質疑応答のコーナーになります。いかがでしょうか、感想でも結構です。感想を聞いた方が、質問が出てきやすいことがありますね。

参加者①　きよめについて、聖化について、人によって過程が異なることを教えていただいて本当にありがたかったです。特に、一時《いっとき》の決定的な変化でなくても、継続して、ダイナミックに動的に神さまに取り扱われて行くということをお聞きすることができたのは、私自身の実体験としても理解しやすいものだったので、本当にありがたく感謝しています。一方でそれが、徐々であり過ぎるって言いますか、その人自身にとってちょっとわかりにくい、自分でもわからないっていうのがあるのじゃないかなと思って、聖書の中でそのような出来事、人物をモデルとして捉えることができるようなことが書いてあればと思ってお聞きしたい。なんとなくイメージしていたのは あの出エジプトとかでイスラエルが40年間荒野を彷徨ったりとかですね、あるいはアブラハムとかヨセフとか割と長く聖書に書かれていて色んな過程を経ているところとか、イメージして考えていました。
正直この質問は、お昼に考えていたことです。今の先生のメッセージの中でも、あくまできよめというのは個人的なものっていうよりは関わりの中で育まれていくものであるから、特定の人とかに限定したたとえを聖書から厳密に見るよりは、聖書全体を理解するということが必要なのかなとか、色々考えたてみたんですけれども、先生のお考えを聞かせて頂ければと思いました。

大頭　これこそは1970年代のきよめの神学の世界を揺るがせてきた問題ですね。特に使徒行伝。使徒行伝にはいろんな人びとが出てくるわけで、中にはコルネリオのように伝道説教を聴いている最中に聖霊に満たされて、異言を語り始めたという人物が出てきたりする。でこれは一体何なんだろう、なんか瞬間的なきよめみたいな話でさえない。伝道説教を聞いているうちに、信仰告白もしていない、バプテスマも受けていないのに聖霊を受けるというケースが出てきたり、そうかと思えば、あのペンテコステの日の300人は、ずっとこう待っていたわけで、そして聖霊がどかんとやってくるという、これは本当にセカンド・ブレッシングのケースじゃないか。こういう激しい論争が実際に戦わされたわけですね。セカンド・ブレッシングの立場をとる人は、ペンテコステの出来事を認めつつ、自分の説にちょっと都合の悪いコルネリオのケースを例外として、トーンが落ちるわけです。立場が逆の人たちは、救われた時に聖霊を受けるんだ、コルネリオが正当な場合で、3,000人のペンテコステの場合は特殊な事由で遅れたんじゃないでしょうかみたいに言って、決着がつかない。そもそも使徒の働きというのは救いの順序、正統的な体験の順序を定めるために書かれたものであろうか、そういう根源的な問いが出てきたわけです。これについては私の『焚き火を囲んで聞く神の物語・対話篇』12章を読んでいただくと非常に詳しく書いてありますけれども、要するに個人の体験のモデルを聖書から導き出すということが、とても恣意的になる、自分が信じている方に引っ張ろうとすることになるんですけど、聖書は救いの順序を書いてない。

では使徒の働きは何のために書かれているか。聖霊の満たしも必要であり、宣教のための言葉も必要であり、はっきりとした回心も必要であり、また自分を献げるということも必要。順番じゃなくて、そのクリスチャンが、満たすべき満たされていくべき恵みをさまざまなケースで書かれている。自然に聖書を読むとそうなる。一方で考えておくべきことは、神の物語は、創造から破れてしまったこの世界を回復へ導く大きな神の愛の物語だということで、聖化についてもその物語の中で論じられなければならないということですよね。ですから聖書は、個人の体験の順番と言うことにほとんど関心を払っていない。むしろその共同体が共同体としてどのようにきよく歩んでいくかということに、焦点があてられているわけですね。そしてとりわけ重要なのは、神の民の使命を実現するためのきよさ。『聖書の再発見』では上巻です。上巻の第四章はアブラハムについて扱っているところですけれども、55頁の「使命のための契約」というところですが、引用します。「アブラハムは神の友として生きるすべての人のための模範である。彼は神とともに歩み、後の人々のためのモデルとなった。」とあります。彼は神の友のモデルなんです。「しかし、アブラハムのモデルは、単に私たちが天国に行くための道を示しただけではない。むしろ彼は、世界をご自身と和解させようとする神の偉大なご計画に、一人の人間としてどのように関わるかを示すモデルとなったのだ。一人ひとりの人間がこのように行動することで、神の民の大いなる群れが世界中に祝福をもたらすのである。ここに心躍らせる聖化の可能性があるのだ」と。私たちの聖化は、この世界の回復という神の大きな物語、大きな神の使命と密接に結びついている。私が一人でなんかお祈りしていてドカンときよめられた、そのことよりももっと大切なことは、そこから始まって私の心が開かれ、他の人びとと交わりを持つようになり、そして自分を与えていく生き方を通して、世界の歴史が動いているという、そこにあるわけですね。神の大きな物語の中に私たちを招き入れるのが、この神の友としての生き方、そしてそれは、ひとりの人だけに起こっていることではなく、神の民が群れとして、神と共に働くというところに、聖化の目的、またきよい民の使命というのがある。ちょっと途中でずれたような気もするんですけど、いかがでしょうか？

参加者①　ありがとうございます。聖書全体の物語と計画によって理解していくということが、よくわかりました。ありがとうございました。

参加者②　きよめということがなんか、個人的に自分だけがそういうふうになりたいなと、ずっと思っていたんですけれども、先生の御言葉の取り次ぎをお聞きして、やっぱり人との関係という中でそういうものが大切であるということを気付かされて、若いころ自分だけなんか仙人みたいになりたいなとか思っていた時があったんですけど、そういうのはやっぱりあの間違っていたなって言うのが分かりました。ありがとうございます。

大頭　まさにそこがど真ん中ですね。そういう語られ方が一時は流行していたことがあると思うんですよね。しかし、もうすでにきよい、キリストの体に組み入れられている。時々血栓ができて血行が悪くなる時があるように、私たちの中で愛が滞る時がある。でもそのために仲間がいるということ。そしていつも、神の御言葉が、愛が注がれているっていうことだと思うんです。ここだけの話ですけれども、聖化を強調する教派に限って不祥事が多いという事実があるわけですよね。なぜかというと、聖化を標榜する教団、教会が、不祥事を認めてしまうと、「きよめ派のどこがきよいんだ」と言われちゃうわけですよね。そう言われてはならないので、それに蓋をするっていうことが、実際よく起こるわけですよね。これはまことに本末転倒も甚だしい。うまくいっていないんだったら、そこを悔い改めてもう一度やり直す。それが社会的な責任を果たさなければいけないような不祥事であるならば、どんなに評判が落ちると思っても、他に先駆けて社会的な責任を果たす。そこを隠してしまったんでは何もならないですよね。やっぱり開かれた教会であること、説明責任をきちんと果たす教会であること、そして、男女やいろんな少数派の人びとに対しても平等である、そういう教会であること、それは当然のことですね。もし私たちが個人的な敬虔の陰に隠れて、そういった当たり前のことをおろそかにしていたとするならば、そのことはやっぱり大きく変えられていかなければならないことだろうと思う。それは信頼性のギャップと言って、言っていることとやっていることが違うじゃないかというのは、きよめ派によく言われることで、藤本満先生が「聖化の再発見」の上巻の前書きのところにそのことを書いてくださっています。

参加者③　今回の三回の聖会を通して思ったことですけれど、私は青年時代に一週間とっても喜びに満たされた経験をしたことがあって、これはきよめかなっていうふうに、その当時は思ったことがあったんですけれども、その後青年会の修養会かなんかで、ある牧師先生が「それはきよめじゃない」と否定されまして、「もっと聖霊に満たされてこういうことが起きないと」というようなことを言われたことがありまして、それ以来きよめということを深く求めてこなかったんですが、先生の話を聞いて救われた気分といいますか、神さまに愛されているんだなということをとても実感しました。ありがとうございました。

大頭　ありがとうございます。いや本当に「きよめ認定委員会」っていう集団があるんじゃないかと疑うぐらいですね、そして時々「きよめ認定委員会」が顔を出して、あなたのきよめは違うとかね、本当はそんな委員会があるわけじゃないんだけど、そういうようなことが発生するわけです。でもそんなことは、どうでもいい。神さまほど私のことを知っている方はいない。きよめられているとかきよめられていないとか、人が人に対して言ってきましたけれど、それはやっぱり違うだろうな。私に言わせれば人の分を超えている。そうじゃなくて、「私もわからないです、一緒に神さまを愛することを学んでいきましょう」というのが、やっぱりあるべきあり方なんだろうなって思うんです。だから、「自分の体験がきよめであったかどうか」っていうのは、どうでもいい。自分の体験を正しい体験として、他の人の体験を「自分と違うから間違っている」と言うのは傲慢な話です。大切なことは今を生きる、alive today, alive this day 今を生きる、今心を尽くして神と人と愛して生きている私たちにとって、「いつきよめられたのか」「どのようにしてきよめられたのか」「あなたはきよめられたのか」「私はきよめられていないのか」そういうことはもはやどうでもいい。声を大にしてもう一回言います。どうでもいいんです、そんなことは。「今、神は喜んでいる、私たちは幸いだ、そういう人びとだ」、そんなことを言っていると、「きよめ派は他の教派と何の違いがあるんですか？」と問われますが、何で違いがなきゃいけないのでしょうか。まあそういうことです。聖書が何を語っているかを聴くならば。

〈司会者による祈り〉

愛する天の父なる神さま、あなたの御名を賛美いたします。

今まで私たちが思っていたようなきよめをある意味どうでもいい、そこから本当に自由になって、まずはあなたの懐に飛び込んで、ありのままに飛び込んで、そこでゆったりとさせていただくことからはじまるというようなことを教えられまして感謝いたします。何はともあれ、あなたの前に本当に自分が正直であるということ、自分に弱さがあり、また愚かさがあり、歪みがあり、痛みがあり、とげがあるということをまず正直に認めること、あなたはそれをすべてご存じですけれども、私自身がそれを認めてあなたの前に、いやあなたの懐に飛び込んでいくことが大事だと言うことを思わされました。そこであなたは私たちをいやし、回復し、そしてまた回復するだけではなくて、また再創造するだけではなくて、さらには新創造してくださって、また本当に新しい第一歩この踏み出し続けさせてくださることを覚えて感謝します。本当に今日、そしてまた今、私たちが踏み出すべきその一歩をあなたが支えてくださり、また押し出してくださり、また導いてくださることをありがとうございます。またその一歩を踏み出すことで、またその世界が開けていく、また出会うべき方々がおこされていく、本当にそこにまた新しい世界があることをも思わされました。それがすなわち気負いのない宣教の姿でもあるなと感謝いたします。どうぞ気負いなく、本当にあなたの前にくつろいで、そしてまた自由にせられて、この日々のあなたから与えられているその歩みを進めさせてくださいますように、よろしくお願いいたします。またそれぞれにあなたは賜物を与えてくださり、そしてまた能力も与えてくださっています。何ができるかできないかではなく、その存在そのものがバラエティであることも思わされます。どうぞそれぞれの持ち場、立場、役割が共に繋ぎ合わされて、さらに豊かなあなたの愛の営みが、またイエスさまのその体の営みが、この進められてまいりますように、なお導いてください。この時を感謝しイエスさまの御名によってお祈りします。アーメン。

2

《研究ノート》小島伊助の関係論的聖化論

「キリスト者を描く——クリスチャン一代記」を再読して

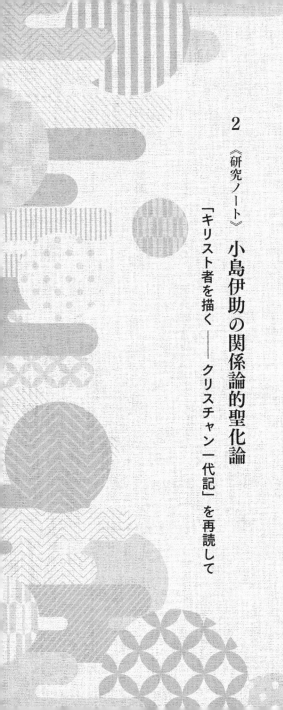

小島伊助（1894−1992）は、1894年、千葉県に生まれた。1905年（明治38年）4月16日、千葉県銚子町の利根川河口でD・H・ソートンから洗礼を受けた。2人の姉がホーリネスの聖書学院で学んでいた縁で、小島は中田重治とも会うが、1913年、神戸聖書学校（現在の関西聖書神学校）に入学し、バークレー・バックストンに学び大きな影響を受ける。舟喜麟一、野畑新兵衛、鋤柄熊太郎などが同級生である。在学中、明確な瞬時的聖化の体験を得た。1918年に24歳で神戸聖書学校を卒業して郷里の銚子に開拓伝道に遣わされる。1922年9月に舟喜麟一が中心となって、大間々町で堀内文一と小島を講師に約2週間の天幕伝道を行った。1940年から1942年、垂水教会の主管牧師。日本伝道隊の隊友でもあった。1951年、日本イエス・キリスト教団の成立の際に初代委員長となる。1958年、委員長を副委員長の道城重太郎（1965年まで）に引き継ぐ。また、その間にきよめ派の諸教団に頻繁に招かれて説教をした。論者は長らく神戸・舞子に住んだ小島のおひざ元である日本イエス・キリスト教団垂水教会で受洗したことから、小島の強い影響を受けた牧師たちの説教を聞き続けてきた。

最近は聖化のメッセージはほとんど語られなくなってしまったように感じる。過去の行き過ぎた激しいメッセージを恥じて委縮してしまったかのようである。けれども赤ん坊を産湯ごと捨ててしまうことがあってはならない。2022年、「大頭眞一と焚き火を囲む仲間たち」による

『聖化の再発見』が翻訳出版された。この機に、小島伊助のきよめ信仰と神学について、もう一度考えたいと思う。論者にとって、小島伊助全集は装丁もバラバラになるほどの長年の愛読書。中でも「キリスト者を描く」（『全集』第三巻）はソラで言えるくらい読み込んできたが、今回はこの文書をもう一度読み、その関係論的聖化論として積極的な評価を行う。「序」にこうある。

いつからか、「聖め白書」とでも題して「聖め」の一部始終をまとめてみたいと思っていた。ところがいよいよその必要を痛感し始めたきょうこのごろ、ふと、いっそクリスチャンの一部始終を書いてみてはと思った。それで「クリスチャン一代記」という昔使ったことばを思い出したのだが、それがこの「キリスト者を描く」ということになった。クリスチャン一代記の中には、最重要な点ではあるが、聖めも聖霊論もその一部である。それで私はこの「キリスト者を描く」の文中に、聖めや聖霊の大切な事項を取りまとめてみたいと思うのである。

（391頁）

「キリスト者を描く」の構成は次の通りである。おおむねローマ人への手紙に依拠しながら個人のオルド＝サルーティス（order of salvation 救いの順序）を論じる。これを順に読み進め、重要な箇所は引用し、論評を加えていくこととしたい。

【第一章　誕生篇】

この章では、(1)認罪、(2)悔い改め、(3)十字架信仰、(4)赦罪、(5)義認、(6)神との和解、(7)新生の順でクリスチャンの誕生が論じられている。特筆すべきは、(6)神との和解に力点が置かれていることである。引用する。

認罪は不思議な恵みである。聖霊の神秘的な働きとも言える。これがなければ教会は始まらず、クリスチャンは生まれないと前にも言った。
赦罪は大きな恵みである。信徒の心を闇から光に、悲哀から歓喜に一変させてしまう。信仰義認に至っては、すでに述べてきたように筆舌には表し得ない、ただ神のみなし得る奇蹟的大恩寵である。
しかしローマ人への手紙5章は実に尊い。これらすべてを総合した土台の上に、しかももう一遍イエスキリストの仲保なしにではなく、神と人とは和解させられるというのである。これは今までの全ての恵みの到達点である。換言すれば、すべての恵みはこの一事のためであると言っても過言ではない。天地宇宙のただ中において、一個の人間が神と和解し、親密な交わり、神と共なる日常生活をするに至るという、実に驚天動地の出来事と言うべきである。キリスト教とは何ぞやと言えば、神と人との和解の宗教であると答えたい。(405頁)
ここに英国国教会とウェスレーの最良の伝統を見る思いがする。ウェスレーとその一世代前の国教会が東方の影響を受けたのは周知の事実である。カトリック・プロテスタントの西方教会は法廷的な義認や赦罪といった概念に傾きやすいのが、正教会つまり東方教会は神のいのちや、交わりを強調する。このあたりはやはりバックストンを通して流れ込んだものなのであろう。

また、罪の赦しについても、極端な刑罰代償説に見られるような罪に対する罰の赦しのための身代わりの十字架という表現を用いていない。十字架を信じたら天国に行く、とも言わず、いま、ここに始まっている救いを生きることに重心が置かれているのも、たいへん好ましく感じられる。

次の引用は特に納得させられる。

まず、一言したいことは、新生と聖化とは、実は二つのものではない。みことばに、これを「いま立っているこの恵み」とまとめている意味もわかると思う。よく言われるように、そしてこれを忘れてはならないことであると思うが、「新生は聖化の初めであり、聖化は新生の完成である」。この言い方は聖書的であり（ローマ六・一～四、後述）、したがって教理的であり、また体験である。

【第二章から第六章と結び】

小島の説教は遊覧船と呼ばれていたと聞く。あっちこっちへ行ってなかなか辿りつかない、ということだそうである。聖化を語る第二章から第六章と結び、にもそんなところがあり、系統立っているとは言えない。そこで、小論でも、関連する箇所をあちらこちら拾いながら、小島の真髄を読み取ることにする。

合体説

先に小島の神との和解の強調を高く評価した。それに並んで、見逃してはならないのが「合体説」である。小島は「根絶説」「圧迫説」を否定して「合体説」を語る。引用する。

第一の根絶説は、読んで字のごとく、根を絶やすことである……つまり悔い改めて罪が赦され、救いをハッキリ受けたにしても、まだ十分ではない。地上の草を刈っても根があればまた草が生えてくるように、犯した罪は赦され洗いさられても、まだ心に罪の根があれば罪を犯す。だから、その根を抜いてしまわなければいけない。それが聖めであるというのである……そのように聖められると、もう罪の根がない、罪をつくらない一人の人となって、ここに某という一個の罪つくらない性質の人間がこの世に一人存在するというのである……しかし真理は体験の事実に反するので、やがてその人は苦しみだす。私は今日までこの行きすぎた根絶説のために悩んだたましいと、どれだけ会ったか知れない。そして大抵はその中から救い出されたと私は自負している。

しかし、ここで大切な注意が一つある。それは、まことの聖めは根絶説であるということである。これを信じなければ、罪の内在を信じるわけで、これが第二の圧迫説の原因をなす。正直言えば、今日のキリスト教界を見渡して極端な根絶説にいく人よりは、圧迫説に落ち着くものがどれほど多いかはわからない。真面目な熱心なクリスチャンでも、大抵はこの圧迫説に満足している。それがクリスチャンの無力、キリスト教会の無力の原因となっていると思う。しからば圧迫説を全く退け、徹底的な根絶節に立って、しかもあやまたない秘訣は何であるか、どこにあるか。ここに第三の合体説が登場する。（480－481頁）

小島独特の言い回しは、わかる人にはこたえられない味があるのだが、わからない人にはわかりにくい。根絶説を否定しながら「まことの聖めは根絶説」と言うあたりは、まさにその真骨頂である。小島が言わんとするのは「聖めは、完全無罪説ではないという意味では、根絶説ではない。そして、圧迫説ではないという意味では、根絶説である」ということである。したがって実際は、小島が比較しているのは、根絶説・圧迫説・合体説ではなく、完全無罪説・圧迫説・合体説なのである。合体説について引用する。

（合体説によれば）罪を犯さないのではない。恩寵と信仰の意志の決断によって犯さないのである。（490頁）

神と人が共に働いて罪を犯さないで生きる。これはまさにウェスレー主義の真骨頂である神人協働説そのものである。合体説はこのことの別の表現と呼ぶこともできる。次の引用はそれを示す。

しかし今ここに出て来る聖書の合体は、神の恩寵の現れに対する人間の信仰の応答である。端的に言えば、キリストと人間との合体である。（491頁）

微妙なのは次の箇所である。

合体説に対してはガラテヤ人への手紙二章一九節、二〇節が絶対であるが、これは前にも繰り返したが、福音の真理とか、福音の真理に従って正しく歩むとかいうことから、ペテロの悪い行いが明るみに出され、要するに自我の死が問題となって使徒パウロが自分自身のあかしをし、このように言う私が自我に死んでいるという信仰に立っているからだ、という結論に達した（一八節　＊大頭註：これは十九節のまちがいであろう）。パウロ君、君は生きている、死んでいないではないかという予想的質問に対して、パウロは自分の死の信仰を告白するの

である。これがここでの重要なポイントで、「キリストが死んだ、そこでパウロも死んでいる」という。（492頁）

ここでも小島は完全無罪説に立っていないことが読み取れる。小島はペテロがペンテコステの日に瞬時的な聖化を体験したと考えている。そのペテロが「悪い行い」をした。罪といわずに悪い行いと呼ぶところに若干のちゅうちょは感じられるけれども、やはりここでペテロの不完全性が指摘されている。小島はここから瞬時的な聖化を体験した者が罪を犯した場合の処置についても行き届いた配慮を示す。

ここにもう一つ入り込んでくるのが、ペテロの悪い行いである。大使徒ペテロがこの時とった態度が、福音の真理に従って正しく歩まないと断じたことであった。つまりキリストによらず、己によって歩んでしまったわけである。ペテロが福音の真理を知らなかったとは言えない。また常にこの真理に従って、すなわち我にあらず、キリストなりと主をあがめてきたであろうことを否めない。しかし魔がさしたか、油断があったか、ゆくりなくもペテロがかかる振舞をしてしまったのである。ある人々は何とも思わなかったかもしれない。何も気づかなかった者もあったろう。しかしパウロはこれをペテロの非行と痛切に感じ、しかも後輩の身ながら、人々の面前でペテロを面責したのであった。使徒パウロはこの一事件を真剣に取り扱ったのである。さだめし、ペテロも顔色がなかったことであろう。真理は深刻である。しかしこのペテロの行動はうっかりしていたところから来たものではなかったろうか。（485頁）

最後の疑問文の答えは、「しかり。ペテロはうっかりしていた」であろう。続く部分が重要である。

ここに私はガラテヤ人への手紙二章二〇節に立ちながら、実行が伴わないと非難されて苦しんだり、自らもこれではまだだめだと失望したりする人々へのよい教訓があるように思う。二章二〇節は、ペテロの行動に端を発して、途中二、三の問題はあるが、そこから到達した結論で、第一にはこの福音の真理に堅く信仰によって立つべきこと、第二はそれによって得た恩寵、すなわち自我の死の肯定と生きるキリストの内住への信頼とをもって、つつましやかに歩むべきことを教えていると思う。（485―486頁）

聖化を体験したと信じる者たちは、もう罪を犯すことがなくなった、自分はきよいのである、とあぐらをかくのではなく、ますます主の望まれることを問いつつ歩むべきなのである。

このように小島の聖化の神学は現在から見ても評価すべきと考えられる。とりわけ聖化の実質を神との関係とみなす関係論的な聖化論は出色である。「結び」から引用する。

「すっかりささげた、ゆだねた、私はないというのは、聖めではないからなあ」（竹田俊造）、これはしたり、弟子たちは一生懸命これを求めてきたのですよ。では、何が聖めですか。その時先生少しも騒がず「キリストわが内にありて生きたもうなり」が聖めさ！　これは今は何遍も繰り返して有名なことばになっているが、古びさせてはならない。常に新鮮にこのみことばに生きなければならないと思う。（494頁）

こうしてじっくりと読むなら小島には学ぶべき点がなお多くある。ところが、その神学を性急にとじまとめようとすると、さまざまな問題が噴出することになる。多くの後継者がそんな性急さに走ってしまったのではないかと危惧するものである。この文書の最後の部分で小島自身がその轍を踏んでしまっている。

二章をバックとし、否、ガラテヤ人への手紙を貫く真理（三つの磔殺、5・24、2・20、6・14。三つの内顕現、1・15、2・20、4・19）をバックとして論じてきたこの大真理も、ここですばらしい結論に達した感がある。ペテロの悪い行いも遠慮なく暴露し、勝利の秘訣はこの真理に基づく正しき歩みであることを示し（2・14）、このキリストを土台とした死とよみがえりの現実な体験をあかしして、この結論に達したのである。

しかしご聖霊はこの結論に拍車をかけるように、この20節下半句を書き添える。キリストわが内にありて生くるなりと言ったが、テキストに示したように、詳訳聖書は「私が今肉体において生きている生活は」と言って、これを毎日の現実な肉体生活に結びつける。ただ教理ではない、神学ではない、現実な生身の生活である。そこにこの勝利があるのであるが、その秘密を二、三挙げる。

その第一は我を愛し、わがためにと言ってこの大事実、大真理を全く自分一人に個人的に当てはめる。ほかはいかにもあれ、キリストは私のために愛のゆえに死んでくださったのである。ここに言いもらせないあかしがある。明治24、25年のころか、カリフォルニアの山中で、主に従いかねていたたましいに、「死ぬるほどにお前を愛しているわたしが、お前にとってためにならないことを計画すると思うのか」と迫られ、このたましいは砕けて溶けて全く明け渡し、聖霊に満たされた、ここに笹尾鉄三郎のスタートがあった。先生はお祈りの前に、「我を愛し、わがために己を捨てたまいし主イエスよ」と口ずさんだ。日々の生身の生活がこの主との触合いにあるのは、もはや単なる教理の知識ではない。

第二に己を捨てるについて、捨てる、ご自身をささげる、与える、渡す、などの訳を見るが、英語ではギブ・アップ、見限るという意味さえ感じさせる、これほどの主である。

そして第三にこのお方を信じる信仰による生活だと言う。この「神の子を信ずる」でなしに、直訳すれば、「神の子の信仰」である。このお方がいましたもうというだけで十分なのである。そして聖書はなおも言う、このお方を犬死に終わらせたくない（21節）と。（495―496頁）

下線は論者による。「ただ教理ではない、神学ではない、現実な生身の生活」のくだりは気になる。言いたいことはもっともである。けれども、こういった言葉がひとり歩きして、教理の軽視、神学の軽視という福音派の傾向を助長することになった。その結果、自分たちの神学を顧みる契機が失われ、固定化され、他のキリスト教の伝統からの孤立とガラパゴス化が続くことになった。

「聖霊に満たされた。ここに笹尾鉄三郎のスタートがあった。」とある。笹尾は初期の指導者たちの間で無双の聖徒と目された人物で、その早世が惜しまれた。カリフォルニア山中での瞬時的な体験の強調は笹尾の人格と結びついて、明確な瞬時の聖化体験がなくては二流であるというイメージを印象づけることになった。実際、小島は初期の指導者ひとりひとりの、瞬時の聖化体験をまとめた書き物を残している。体験はさまざま、と小島も言う。けれども、そこには瞬時的な明確な聖化体験を持たない者の居場所はない。

「日々の生身の生活がこの主との触れ合いにある」も前述の霊的エリートの発想と結びつくとき、課題となる。小島はしばしば「うちにおられるお方《かた》さま（聖霊）が教えてくださる」と語った。このことから指導者への絶対服従や指導者による支配の構造を生み出すことになった。

21世紀に小島を語らせるために

関係論的聖化を論じながらも、体験に軸足を置いたために課題を生み出しもした小島伊助。その小島を現代によく活かすために、今後のいくつかの課題を記して締めくくりとする。詳細は「聖化の再発見」を参照されたい。

（1）原罪を中心とするアウグスティヌスのフレームワークの克服

小島は根絶説を拒むことにおいて、関係論的な合体説を語ることに成功した。けれどもアウグスティヌス的原罪論については無批判であるために「自我の磔殺」といった用語を多用する。関係論的には問題は私たちのDNAではない。傷つきいやしを必要としている自我である。神と向き合う関係の中で、私たちの自我が癒されることに目が向けられることを願う。

（2）意志だけではなく全存在を

また自我の磔殺は、意志をささげるならば、キリストの内住のために条件が整うと語る。これはまさに近代の発想である。実際には意志は、人間の問題の氷山の水上に見えている一角に過ぎない。キリストは意志だけではなく私たちの全存在を癒し、ご自分のものとするのである。

（3）ローマ書ガラテヤ書だけではなく

瞬時的な聖化の体験を強調する小島はその議論の論拠をもっぱら、パウロ書簡に拠っている。当時も（また今もなお）福音派は聖書を証拠聖句として用いて自説を組み立てようとするが、これもまたとても近代的な聖書の用い方である。教会は、聖書を神を指し示す大きな物語（フィクションではなく、ナラティブ）として読んできた。たとえば聖化を知るためには、地上を歩まれた主イエスのことばとわざを記す福音書こそ、第一に参照されるべきである。
督促

（4）オルド＝サルーティス？

聖書は救いの順序を語っているのか、それとも、神の贖いの多様な面を語っているのか、についてもさまざまな神学的立場との対話が有益であり、必要であるだろう。

（5）キリストのからだとして

最後に、小島の時代は個人のきよめに集中した時代であった。神の大きな物語として聖書を読むなら、神がきよさに与らせたいと願うのは、神の民である教会。教会の愛の交わりが世界の破れをつくろうことを思うとき、個人主義的な聖化からの脱却は火急の課題である。

3 対話篇

小平牧生の巻　https://youtu.be/G0K53PCy9dA

大頭　先生が教団を代表しているわけでもないので、あくまで先生の個人的な意見を聞かせてください。さっそくですが、先生のまわりにきよめで困っている人いませんか？　自分がきよめられているのかわかんないみたいな人いませんか？

小平　そうですね。あんまりそういうこまかい話はしていないんですよね。「きよめ」という言葉で話さないっていうか。もっとそういう話をした方がいいのかなと思ったりもするんだけれど、ぼくの場合はあまり「きよめ」だけを切り離してクリスチャン成熟のことを表さないというか。ぼくがあまりきよめを好きじゃないのかもしれません。（笑）

大頭　でも、たとえば塩屋聖会（説明）にだれか行って帰ってきてなやんだりしてませんか？

小平　そんなことはないですよ。僕が話さないことを聞いて喜んで帰って来ます。いろんな話や考え方があることを聴くのはいいことです。

大頭　先生が、福音のキリストの命みたいなことを語っているので、それで済んじゃうかもしれないですね。

小平　もちろん、「きよめ」という言葉で表現しているその内容は本当に大事なことだと思うし、決してそれをよそにおこうというわけじゃないんです。ただ、私たち教団の歴史もあるんですけど、「きよめ」の瞬時的な体験の話で混乱を与えてきたことも多いんですよね。そういうこともあって、ぼくは瞬時的な体験を想起させる「きよめ」って言葉を使うよりも、私たちがキリストの姿に似せられて変えられていくプロセス、神さまが私たちを創造してくださった姿にイエス・キリストの十字架と復活をもって回復してくださろうとしている完成に向かう姿に対しては、本当に積極的に大事なこととして目指して行くようにと、だれよりも語っていると思うんです。私の関心が教会形成とか宣教学なので、どっちかっていうとそういう表現になってしまうのかなって思います。

大頭　瞬時的な体験が語られることによってかなり弊害もあったんじゃないですか？

小平　そうですね。高校生ぐらいの時に教団の全国大会に行くと、「牧生くん、きよめられましたか」って、聖書学院（基督兄弟団聖書学院　〒319―0123　茨城県小美玉市羽鳥2631―1　主の再臨を待望しつつ聖霊に満たされて祈祷と宣教に励み、霊的、知的に調和のとれた伝道者養成を目指す。）の修養生の人に、なんかそうやってマウントを取ろうみたいな感じの語り方をされたことがあって、そういう嫌な思い出も自分の中にやっぱりあるんです。だから、そういう言葉は使わないようにして語ってきたような感じですね。でも「体験」ということに関しては、いわゆるきよめられたという瞬間的な体験ではないかも知れないけれども、いろんな信仰的な経験ということに関しては、ぼくはかなり語っていると思います。教理的なことを学ぶ時にも経験を切り話さないで語ります。ぼくの教会のメンバークラス??のテキストにもその項目を入れているんですけど、3つのHっていうことで、ヘッドとハートとハンズ。つまり頭で理解すること、心で信じること、そしてからだで体験すること、この3つのバランスが大事だってことを話します。そのための場として小さなグループの交わりを大事にしています。何でも質問できたり、信じていることが共有できたり、具体的な生き方を分かち合えるのは、小さな交わりですよね。教理だけだと、正しいかどうかとか、兄弟団はこうだというような話になるので、それでは死んだ信仰になりますよね。きよいという生き方が、みんなが分かって、生活の場できよい生き方を経験できるんだっていうことです。説教でもいろんなところでそういう話をしています。そういう意味では、結局は「きよめ」の話ばかりですよ。

大頭 先生の証しがめっちゃいいんです。大震災の時の「重荷を負って苦労している者は」とか、あの学生時代の教会での奉仕と結婚式の話。泣けますね、何度聞いても。

小平 だから、そのバランスだと思うんですよね。経験っていうのはみんなそれぞれ違うんだけども違うとしても、みんな一人一人やっぱりからだで経験するっていうことはやっぱり持ってほしいし、そういうからだの経験から信仰の情熱って生まれてくると思うので。そして、それはもちろん教理的な正しさを持たなきゃいけないし、吟味されなきゃいけないことなんだけども。どっちかとそういう意味では自分のことを語るほうですね。

大頭　先生のお父さん先生の時って、どんな語り方だったんですか？　きよめについては。

小平　そうですね。うちの父もそんなに、どちらかというといわゆる兄弟団の伝統的なきよめの瞬時的経験ということに関しては、教会でも聖会でもあんまり語ってないと思います。うちはどっちかっていうとね、兄弟団ではなんか異分子でしたから（笑）。たとえば、ぼくが大学生の時に父が教団の当時主管者と言ったんですけど、今の理事長になったんです。その春の総会大会に、ぼくが羽鳥行ったときに古い信徒の人が、ぼくに言ったんです。「あなたのお父さんは、兄弟団の主管者になったけども本流じゃないな」って。それはぼくにとってはすごい強烈な経験でした。やっぱりそうなんだってね。

余談ですけど、ぼくは大学は青学（青山学院大学）なんですけど、大学のクリスチャン学生の集まりがあって、そこに行った時に、「どこの教団」かと訊かれて、ほとんどの人は日本キリスト教団なんだけど、ぼくは兄弟団と言ってもわからないと思ったので、とりあえず「ホーリネス系の教団です」って言ったんですよ。すると大学の主事の先生が、「ああ、ホーリネスね、伝道は熱心だね」って言ったんです。その時も、「ああ、ぼくはここでもマ

イノリティーなんだな」と思いました。（笑）

大頭　伝道は！

小平　つまり「勉強してない」っていうことなんですけどね。まあそういうことで、結局ぼくはどこ行っても主流派じゃなくて、傍流っていうか、そうじゃないほう。そういう経験を通して、クリスチャンがいつも自分たちをそうやって本流とか主流とか、そういう考え方で見てきたんだということを学びました。だから聖書学院で教えられる「きよめ」とかっていうようなことに関してもかなり批判的に見てましたね。結局きよめ派は、「あの人たちと自分たちはちがう」って言って、そうやって自分たちの教理を組み立ててただけなんだとわかりました。

大頭　その古株の人は本流についてどういうイメージ？　やっぱり瞬間的なきよめ？

小平　そうですね。瞬時的な体験としてのきよめということもそうですし、兄弟団の場合は、当時の言葉で言うと、「火がわかる」という言い方をしました。「御火《おんひ》」って、御をつけて「聖霊の火」ですね。それは、中田重治監督に聖霊が示された、それが当時の皇国思想や日ユ同祖論（日本人の祖先が２７００年前にアッシリア人に追放されたイスラエルの失われた十支族の一つとする説。但し、ユダヤ人（古代イスラエル人のうちのユダ族、ベニヤミン族、レビ族）ではなく、ユダヤ人と共通の先祖ヤコブを持つ兄弟民族である。英ユ同祖論など、ユダヤ人と他民族文化を関連づけて論じられるユダヤ人同祖論のひとつ。）「なんかの影響を受けた「日本民族の使命」っていうことなんだけども、兄弟団って、元々そういう人たちによってできたんですよね。「それは違うよ」って言った人たちは中田監督を離れて行った人たちで、その人たちは「火がわからない人」たちです。その結果、戦前の分裂の時に「火がわからない人たち」がホーリネス教会で、「火がわかった人たち」が我々はきよめ教会。最後までその中田監督に示された信仰っていうか、奥義っていうことに従ってきた人たち。そのきよめ教会の人たちが国家の弾圧と解散を経て、戦争が終わってから再び立ち上げたのが兄弟団なので、ぼくが高校生くらいの頃は、中田監督のもとで救われた人たちやその人たちに教えられた信徒たちが、兄弟団の本流だったわけです。

大頭　火ってファイアーですか？

小平　ファイアーです。聖霊のことですね。うちの父の世代は、そういう一番最初の古い人たちのうちにあるものを矯正していくというか、健全化していくというか、そういうようなことだったたと思います。私の育った背景はやっぱりまだまだそういうことが根強いっていうか、戦後50年の時に戦争責任の問題とその背景にあった不健全な思想について悔い改めたのだけれど、やっぱり染み付いているんですよね。聖書学院でも教団立なので、やっぱり自分たちの教理を中心に教えるのでなかなか難しかったですね。そんな中で、「きよめ」っていうようなこともいわゆる聖霊経験であって、あるか、ないかみたいな、そんな感じでしたね。

大頭　聖書学院。やっぱり兄弟団もホーリネスも聖書学院に一緒に行くんですよね。

小平　今はね。

大頭　前は兄弟団も神学校持ってたんでしたっけ。

小平　一応今も組織的にはあるんですけど、この10年程献身者が減ってきた時期と重なりますが、それまでは基督兄弟団の羽鳥聖書学院で。最後は一人とか2人とかっていうような感じでもやってたんですけど、それではそれこそきよめのために良くないっていうことですよね。だからホーリネス教団の東京聖書学院に今は行きます。そのような機構改革を理事の時に行いましたが、やって、やっぱりその時に「これでもう兄弟団はなくなる」と言われましたね。

大頭　兄弟団の清めとホーリネスの清めてなんか　こうざっくり違いみたいなのがあるんですか？　昔、小島伊助が、「自分は 内住説、聖霊が内に住んでくださるっていう、ホーリネスは根絶説だ」って言ってたことあるんですけど。罪が根っこから引き抜かれるという。そうなんですか？

小平　そういう言い方でしたね。根絶説っていうのはぼくらが聖書学院行った時にはその言葉を授業でも聞いたことがありました。でももうその時点で兄弟団として、根絶説っていうことに対してはそこに立ってるわけではなかったと思いますね。「信じまーす」って言いながら現実的に根絶されてないっていうことをすごく強く感じてた人たちはたくさんいたと思うので。

大頭 根絶されると罪を犯そうと思ってもできなくなっちゃうのでね。

小平 現実には、我々の教団はもう本当に、分裂とかね、そんなことの歴史なんですよ。「きよめ」のことで、「信仰」のことで分裂してきたんですよ。それが体質です。多分、聖化のこともぼくらの聖書学院にいたぐらいまではね、たとえば兄弟団の我々はインマヌエルのきよめとは違うとか、塩屋とは違うとか、ケズイックとはちがうとか、そういうような言い方でしか言えないっていう。じゃあ我々は何なんだって言うと、それはなんかはっきりはしないっていうか、そういうような感じ。だから結局自分たちはあの人たちのようじゃないっていう感じで自分たちの正しさ、を正当っていうものを表してきて、その結果争いが起こるわけですよね。どう考えても。分裂も起こったりする。だから 理論的に根絶説って言っても何もそれを証できないっていうか、それが現実だったと思いますね。だからまあ正直な人たちは根絶説言わなかったと思うけど。

大頭 正直さってきよめの、きよさのとても大事なね要素だと思うんですけど。

小平 教会でもそうなんですけど、自分はイエスさまを信じたけども、救われたけれども、現実にこういうことがあるっていうことに対して、それをごまかさないで悩むとが大事というか、さっきの一番最初の質問のきよめということに対しても悩むことはすばらしいことだっていうか、それが成長の第一歩なわけで、それをいっしょに歩んでいくのが教会の交わりだし、それを恥とも思う必要もないし、人と比べる必要もない。だからぼくら牧師も、自分のことはありのままな話をする方がいいんだろうなっていうことだと思いますね。

大頭　牧生先生は日本の牧師の中でも抜群の正直さですから。本当にここまで言っちゃうかぐらいので、すごいと思います。

小平　結局ね、そうやらないと自分の誠実さが本当には守れないんですよ。ぼくらはやっぱり自分をオープンにすることによって、自分が守られると結果的に思うので。本質的に全部正直かというと、そうじゃないんだろうけれど、でも正直であろうということを思ってるだけじゃなくて、具体的に自分から発信してしまうっていうか、その方が自分の心を守れるっていうか、そういうように思ってるんですね。自分としてはね。迷惑をかけてるかもしれませんが。(笑)

大頭　そうじゃないといろんな支配の構造がそこに出てきたりとか、人間弱いのでね。

小平　本当にそうですよね。そう思いますね、私も。

大頭　私も牧生先生の影響で、かなり正直になってるけど。

小平　そんなことはないでしょ。

大頭 ほんとです。それでね、成果の再発見なんですけども、やっぱりリレーションシップの健やかさ。神とのリレーションシップ、それから人とのリレーションシップの健やかさであって、何か特別な経験とか何かになっちゃうとか、そういうことでは全然ないなっていうことをね、あの本が言ってると思うんです。

小平 そう思います。だからたとえば新約聖書の中で、我々は救いっていうことに関して、もちろん義認とか、兄弟団の場合だと「四重の福音」の新生とかいう言葉があるんだけど、ぼくは「子とされる」っていうイメージってやっぱり好きで、子であるからこそある意味反抗することもあるし、子であるからこそあえてそのように悩んだりもすることもできるっていうね、子であることの確かさっていうそこをもっともっと大事にしていきたいっていうふうに思ってますね。

大頭 聖化を強調することによって新生がなんか切り下げられるみたいなのが嫌なんですね。救われただけじゃダメなんだみたいな言い方になっちゃうとこれは全然違うだろうな、と。

小平 そうですよね。そう思います。この間もうちの小グループのリーダーの人たちの集まりで、自分がクリスチャンであるということは今のような言葉の中で一番自分としてリアリティがあるっていうか、「新しく生まれた」とか、「義と認められた」とか、本当に「罪を赦された」とか、どんなところに喜びを一番感じてるかって話をしたらやっぱりみんなかなり多様なんですよね。その多様さって本当に素晴らしいなと思いながら、ぼくはやっぱり「子とされた」っていうのが一番 嬉しい感じがするんですね。いつも「天のお父さま」って、「お父さん」と呼ぶことができるという、この関係っていうのがすごく嬉しいことで、これは当然成長していくことなので、子とされて終わりじゃないので、救いときよめは教理的に切り離されないで、本当に自分の中でも受け止めていく。そしてその「子である」って姿っていうのは、これで終わりと いうことでは全然なくて、成長し続けていくことができるし同時にまたこだわりながら横の関係においては親にもなっていくっていうような、イメージしやすい。自分のクリスチャンのあり方として非常にわかりやすい。ぼく自身はそう思ってるんですよね。

大頭　本当に何より聖書そのものですね。こうしてお話してるとなんかほとんど変わらないじゃないかっていう気がするんですけども、将来きよめ派の合同とか神学校の合同とかっていうのは可能性はあるでしょうか。

小平　そうですね。そういう風に導かれていったらそれを止めようとは思わないしそれは歓迎すべきことだと思うんですけど。でも、もちろんぼく自身もそういうことを思って自分の奉仕をしてるんですけど、ぼくのキーワードはエペソ4の16（キリストによって、からだ全体は、あらゆる節々を支えとして組み合わされ、つなぎ合わされ、それぞれの部分がその分に応じて働くことにより成長して、愛のうちに建てられることになります。）なんです。そこには、一つ一つの部分がそれぞれの力に応じて働くことによって互いにつながって、またそこには、それを結び合わせる節々っていうつなぎ目があって、そしてからだ全体がこのキリストによって神の愛のうちに立て上げられていくんだっていうところですね。ぼくは、そのつなぎ目みたいな役割をしていくっていうことを、自分の人生を通して受け止めています。たとえば今は伝道会議の奉仕をしたりしてるのも、そういう自分のつなぐ役割だという思いでやってるので。神学校の協力とか合同っていうのは、もっともっと深め られていっていいんじゃないかなというふうには思うんですけど。なかなかやっぱり大変なことだなって。うちの教団が東京聖書学院に行くっていうことの中で経験してやっぱり多くの教団って、その存在の前提として神学校があるような感じするんですよね、特にきよめ派の場合は。我々がそうなので。でもかなり 協力できることはたくさんあるし具体的な面ではそれをしていかなきゃいけないんじゃないかなって。つまり教師であるとか授業の内容であるとか、あるいは単位であるとかいろんなことに関しては、共有していくっていうことはすごく大事な ことじゃないかなっていうふうに思いますね。

大頭　ありがとうございます。最後に大頭眞一に期待することについてお語りくださいますか。

小平　(笑) この間、久保木聡先生（オカリナ牧師として、活躍しておられる、○○教会牧師）と話をしてて、大頭先生には近づくと引っ張り込まれるからって言って、途中いっぺんつながるともう切れなくなるみたいな話でかなり盛り上がったんですけど、でも先生が貢献してることってすごく大きいなっていうふうに、ただ大きいっていうか、嬉しい感じがしますね。先生の場合はある意味リスクを考えてないっていうか、こういうことしたらこうなっちゃうんじゃないかなっていうことあんまり考えてなくてやっておられる感じなので、もちろんいい意味でなんですけど、それがやっぱり我々なかなかできないっていうか。特にきよめ派の神学のものっていうのは、ケガレを恐れる神学だからね。何かやった時に起こるリスクは考えるんだけど、本当はもっと大きなリスクが何もやらないことによって起こってくる。我々は本当は協力というよりも、もし「きよめ」という言葉を使うなら、その「きよめの福音」を証ししていくことをもっと現実に我々の姿として表していくことは必要だと思いますね。そういう形になったらみんな協力するんだけどそこに行くまでがね。とどまってしまう人が多いんです。でも、先生はやっぱりそういうところ恐れないでリスクを考えないでやってくださるとすごく嬉しい。まあ危険視されることも多々あると思いますけど。

大頭　ありがとうございます。行けるところまで行ってみたいと思います。

小平　骨は拾うので。

大頭　ぜひ（笑い）

石田聖実の巻

大頭　先生の周りできよめで困っている人というのはあるでしょうか。困ってるってのは、自分はきよめられてるんだろうかとかそんなようなことですけど、いかがです？

石田　うちの教会の場合は始まりがホーリネス教会じゃありませんから、きよめられなきゃという考えがない。だから困っている人もいない。

大頭　先生はきよめ派の出身であるんだけれども、ことさらにはおっしゃらないんですね。

石田　でも説教では、きよめという言葉は使わないけど語ります。

大頭　それはクリスチャンの成長みたいな話なんですか？

石田　あんまり成長のプロセスとして話したことはないです。どういう恵みがあるかみたいなところで語ります。

大頭　恵みには当然、「愛する」ということが含まれていますか？

石田　それがほとんどです。

大頭　聖書がそうですからね。ご自身がそのきよめに関して体験というか、何かありますか。別にエポックメイキングなことじゃなくてもいいんですけど。

石田　きよめの体験っていうと何だろう。私は牧師の家庭に生まれましたから、ひと通りいろんなことは知識としては知ってるわけです。そういう中でじゃあ、あとは自分がそれを受け入れるかどうか、自分のものとするかってことなんですけど、高校の時に家から学校まで遠くて、都内の教会に下宿をしていました。でも信仰の決心からは逃げていた。やっぱり洗礼受けるともう悪いことができないとか、そういうことなんです。ところが高校2年の冬休み hi-b.a.（高校生聖書伝道協会）のキャンプに行って、メッセージはどういう話だったかは全く覚えてませんが、夜の集会で話を聞いている最中に神さまが自分を愛してるっていうことを、すごく強く感じた。エレミヤ書の「遠くからわたしはあなたを愛している」（31・3）が響いてきた。それで洗礼を受けた。だからそういう意味では、救いの体験って言っていいんだと思うんだけれども、しかし私のそれは同時にきよめの体験と言っていい。

大頭　神さまの愛が！　先生のご出身の日本福音教団では、きよめと新生のタイミングというのは問題にしていましたか？

石田　それはやはり、新生・聖化・栄化っていう順序で習ってますよ。

大頭　それが、同時のように感じられたということで、なんやかんや人から言われたりしませんか？　お前はまだきよめられていないとか？

石田　そういうことを言われたことはありません。自分からきよめられたって言わないから。けれども、それがそうだと受け止めた。だからその時に、結局、自分はクリスチャンになるっていうことと同時に、伝道者になるっていうその決心もしたんです。

大頭　何もかも一緒に来たって感じですね。召命も。

石田　はい。

大頭　お母さんが時どき「お前のそういうところがきよめられてない」って言ったって聞きましたが、それは何か特別な意味合いがそこにありますか？

石田　いや特別じゃない。ぼくがなにか失敗したり、よろしくないことを行ったりとか。

大頭　特にオールドサリュティス（ラテン語で「救いの順序」）とは意味づけられてないわけですね。

石田　ありませんね。まあ、よく「そういうことでは証しにならない」なんて言われたけど、うちのかみさんに言わせると、「それは要するに世間体が悪いって意味でしょう」と。（笑）

大頭　いやあ、突き抜けてますね。日本福音教団というのはそもそも蔦田二雄《つただつぎお》先生（1906-1971）のお弟子さんであった星野栄一が独立したっていうか、ついていかなかったみたいな？

石田　蔦田先生がインマヌエルを立ち上げた時に、当然星野はついていくだろうということだったんだけどもついていかなかった。

大頭　理由はわかってますか？

石田　いや、知らないんです。

大頭　あんまり強烈な指導者についていけなかったのかもしれないですね？

石田　いや、でも星野先生のほうが強烈だろうと思います。あんまり協調性がない。ワンマンですね。最初は日本福音連盟の中で結構いろんな働きを担っていたんですけど、協調性がなくて、浮いちゃって、追い出されたのか、出ちゃったのか。

大頭　インマヌエルはセカンド・ブレッシングを強調しますね。根絶とかいうじゃないですか。星野先生はそのあたりはどうだったのですか。

石田　基本的には同じだと思いますが、星野先生の場合にはアガペーを強調している。アガペーホーリネスと言う。

大頭　なるほど。

石田　福音教団の墓地があるんですけども、その墓地の正面に愛という文字とそれから反対側に聖という文字が埋め込んであります。

大頭　先生が東神大（東京三鷹にある日本基督教団立伝道者養成機関：東京神学大学。）に行かれたのは？　これはあまり自然なことではなかったですよね。日基《にっき》（日本基督教団）に入ろうと思って行ったんですか？

石田　福音派につまずいてたんですね。つまずいた理由の一つは、ちょうど時代としては、『ファンダメンタリズム』という本がありましたよね、あの時代ですね。で、教会新報社という会社があって、もとクリスチャン新聞の編集長やったりした人の。そこで『クリスチャン生活事典』という本を出した。そこに泉田昭先生（いずた・あきら、1931 - 2021）が人種差別の項目を書いたんですよ。その人種差別の項目のところで「我が国でも部落差別があって」と人種差別と部落差別を一緒にした。それを解放同盟などから批判されて、まず訂正シール、それから可能な限り回収し、書き直した新しい版を作るということで教会新報社がつぶれた。その事件に関してクリスチャン新聞は全く報道しなかった。福音派の大看板の泉田昭先生の不祥事について全く触れなかった。報道しなかった。それにがっかりした。

大頭　高校生？　大学生ですか？

石田　大学生ですね。泉田先生は心からお詫びして誠実に対応した。その姿に私は感動したのだけれど、こういうことがあったってことは全く報道されなかったんです。指導者の失敗は隠蔽《いんぺい》するんだと思ってがっかりしました。

大頭　先生なりの正義感。で、福音派そのものに不信感みたいな。大学は普通の大学？

石田　長老派系の明治学院大学です。ヘボン聖書研究会（通称ヘボ研）というKGK（キリスト者学生会）のサークルに属していました。星野栄一先生の教会に下宿してましたが、会堂建築のため出なくちゃいけなくなった。その期間、教会を離れてひたすら恋愛に打ち込んでました。ただその間もヘボ研でキリスト教とつながってました。

大頭　ひとみ先生との出会いはまだ先ですね。

石田　いや、それがひとみです。

大頭　大恋愛をしてたわけですね。ひとみ先生はまだクリスチャンではなかった？

石田　結婚しようって言ったけど、クリスチャンになること、という条件も付けました。

大頭　向こうも「牧師の息子だしそれはそうだろうな」と思いましたかね。

石田　自分が将来牧師になるっていうつもりがあるっていうことは言った。彼女はカトリックの高校の出身だから神さまについては否定的じゃなかった。将来牧師になるって言っていながら、お互いのアパートを行ったり来たりしてました。

大頭　なるほど。もうかなり長いですね。40年、50年か。

石田　つきあってから結婚するまで4年。聖研《せいけん》（聖書研究会）の中では、あの二人は絶対別れるとか言われてました。

大頭　「神田川」（チューリップの名曲）の世界ですね。

石田　お風呂屋さんのおばさんが、「今日は彼氏はいないの」と言っていた、とか。

大頭　大学では何を？

石田　大学はね、特設キリスト教学科（笑）。一応文学部英文学科ですが、なるべく英語は避けて哲学とか美術史とか音楽史とかそういう周辺の科目で固めて、あと必修がキリスト教概説が4単位でその他にも3年生の必修でキリスト教学（専）2単位っていうのがありました。それをいくつか取ったかな。東神大を定年になったような先生がいっぱいいて、かなり有名な先生がいましたよ。ぼくが積極的にとったのは旧約学、預言書の授業ですね。エレミヤ書が専門の小田島太郎先生、日本キリスト教会の長老です。

大頭　預言者っていうと、やっぱ社会正義みたいなものに関心があったんじゃないですか。

石田　2年生の時、単位にならないけどキリスト教研究所の旧約ヘブライ語講座をとった。それが小田島先生だったので、授業もそれをとりました。

大頭　教会には行かなかったけどそうやって聖書を読んだりしてたわけですね。

石田　そうですねギリシャ語も新約ギリシャ語講座があって、同じ先生で古典ギリシャ語の授業をとった。古典ギリシャ語は4月に出て次は1月に出た。だけど、ま、石田君ならいいだろう、と。（ちゃんと当たって教科書をその場で訳しましたよ！）

大頭　教会に行かなかった時期は、お父さん、お母さんは何て言ってました？

石田　親元にいなかったからね、全然連絡が取れない。

大頭　卒業しました？

石田　人の3倍かけて12年。でも卒業する時に教務課の掲示板を見たら、私の4年上の学籍番号があったんです。16年生がいたんですね。ちょっと悔しかったね。

大頭　その間はアルバイトしたりとか？

石田　働きました。わりと初期の頃は、渋谷駅の駅員のバイト、それからその後はうちの親がやっていた保育所（正職員）。

大頭　それは卒業したくなかったんですか？

石田　したくなかったわけじゃないんだけども。勉強する意欲が出なかったね。

大頭　今めちゃめちゃ勉強するじゃないですか。その頃のためが今でてるのかも。12年かかって、30くらいになって、すぐ東神大ですか？

石田　東神大入ったのが1988年だから2年空いてるかな。卒業後も保育所にいたんですが、過疎でつぶれました。実はうちが2つの園をやってて、フォースクェア教団がもう一箇所やっていました。桧原村の幼児教育は完全にキリスト教保育だった。結局それ全部やめて一つにしたんですね。その時に社会福祉法人を作ってそれでキリスト教色を抜いちゃったと思います。ぼくは1980年に学生結婚したんですが、結婚したらこんないい加減な生活をしててはいけないと思って、アパートを探すときに教会に歩いて行けるところを探したんです。で、家内の知人が経営する府中市のアパートに行ってみたらホーリネス教団の教会のすぐ近く。これはいいやってことでそこに決めました。結婚を決めてから分かったことは私がいた杉並の聖都教会の星野栄一先生と、家内のホーリネス教団旗の台教会の牧師、宮沢こまよ先生は神学校の同期。なおかつ府中教会の小林重昭牧師は宮沢先生に導かれた人。すごいつながりだと思いました。

大頭　で、東神大？

石田　東神大に行ったのは一つは、ホーリネス教団の東京聖書学院に行こうという気はあったんです。でもさっき言ったような福音派全体に対するつまずきってのがあって、もう一つはうちの福音教団、親のところね、まともな教会にならないんですよ。牧師は一生懸命、信徒のお世話をしてるけど。教会になっていかない。やっぱりこれはね神学の問題。教会を作っていくっていうそういう神学になってないんじゃないか、という問題意識感じて。教会表向きは東神大が一番府中の家から近い。車で10分。しかもその当時学長をしていた松永希久夫という先生がＮＨＫの教育テレビで「歴史の中のイエス像」をやってる時だったので。松永先生によると福音派の先生たちから手紙が来て、東神大の先生がよくここまで言ってくださった、感激してる、と。松永先生は自分の信じてる通りに言っただけなの。

大頭 普通に福音を語っただけなんでしょうけど。

石田 だけど福音派の方々からは東神大は悪魔の神学校って呼ばれてるって話だから。

大頭 やっぱり身構えていきました？

石田 そうでもないですね。さっきもちょっとお話したけども聖都教会では毎年北森嘉蔵先生（きたもり・かぞう、1916 - 1998）、野呂芳男先生（のろ・よしお、1925 - 2010）とか上智大学のペトロ・ネメシェギ神父（Peter Nemeshegyi, SJ 1923 - 2020）、カトリックのウィレム・A・グロータス神父（Willem A. Grootaers（1911 - 1999）、ある年は無教会の高橋三郎先生（たかはし・さぶろう、1920 - 2010）とかそういう人が来てたので全然そういう意味では身構えることはなかった。授業に出ても、別に違和感はなかった。

大頭 それまでも、いろいろ読んだりとか聞いたりしてたんですね。

石田 ぼくは寮ではなくて車で10分で通ったんだけども寮の屋上で夜な夜な異言を語ってる人がいた。東神大にもそういう学生はいる。

大頭 ま、なんでもありですね。そこで教会派と社会派という言葉に触れるわけですね。

石田 杉並の教会を出て、最初は江戸川区の平井っていうところにアパート借りて、その時は近くに小松川教会。小松川教会は教団の「ホーリネスの群れ」。そして、浅草橋教会。浅草橋教会も当時はホーリネスの群れ。その時代も教会に行ったことはあるんです。その時はやっぱり同じホーリネス系の教会に時々行っていました。だけどそこからまた2年経って渋谷区。渋谷区と言っても新宿に近い幡ヶ谷にアパートを変えて、幡ヶ谷駅近くの日本キリスト教団 城西教会に行ってみた。そこの徳永五郎先生（1930 - 2023）は沖縄問題に熱心だった。説教の中で「一見敬虔に見えるクリスチャン」などと教会派批判があった。礼拝が終わると髪の長いお兄ちゃんに「これから沖縄問題についての討論会をするんだけど出ていかない？」と誘われたけど逃げ帰りました。そこで初めて社会派の教会っていうのに触れた。

大頭 自分のアイデンティティはどこにあるんだろうと、やっぱり考えますよね。

石田 その頃はあんまり自分のアイデンティティはなかったかな。むしろアイデンティティが確立したのは、やっぱり東神大に入ってから。

大頭 やっぱりここじゃないなみたいいな？

石田 一番影響が大きかったのは、もちろん星野先生のアガペーホーリネスはそうなんだけども、それ以外で言うと野呂芳男先生のウェスレーの神学。野呂先生の場合にはウェスレーには2つの中心がある楕円の神学。

大頭 直接聞いてます？

石田　毎年来てましたから。

大頭　楕円っていうのはどういう2つの中心なんですか？

石田　伝統的な高教会主義的な神学とそして実存論的なもの、その2つがある。

大頭　日基の中はどうなってるのかって、我々よくわからないんです。日基の中にホーリネスの群れっていうのがありますね。これ元々出所は遡るとどこなんですか？

石田　中田重治（なかだ・じゅうじ、1870 - 1939)。ホーリネス教団などと一緒です。

大頭　だからそれがその教団の中に残った人たちなんですね。

石田　日本キリスト教団に残って、そこでホーリネスを証ししていくっていう……。

大頭　残ったのには何か理由があるんですか。

石田　何だろうね。あると思いますよ。

大頭　先生はそことは関係ないわけですね。

石田　だからぼくは出ちゃった方だから。インマヌエルが出たし、ホーリネス教団も出たし、福音教団も出たんだ。

大頭　けど先生はまた入ったわけですね。それは個人として入ってる。

石田　ぼくはアイデンティティはウェスレーですね。だからホーリネスの群れには全然タッチしてないんです。更新伝道会っていう旧メソジスト教会のグループに属してる。

大頭　ホーリネスというときとウェスレアンというときと全然違うんですね。

石田　ぼくの場合はホーリネスもひっくるめてメソジストという言い方をしてますね。

大頭　ホーリネスじゃない方のメソジストっていうのは日本キリスト教団の中には結構いるんですか。

石田　いますよ。それはね、これも2つに分かれてて青山学院系統と関西学院系統。関学は神学部の同窓会っていう感じで成全会。青学系統の方が更新伝道会。ぼくは更新伝道会。

大頭　日本福音教団はイムマヌエルから出たんですね、どこで更新伝道会とかかわりができたんですか。

石田　福音教団はインマヌエルを経ずに直接日本基督教団から日本福音教団になっています。私が更新伝道会に触れたのは東神大です。後輩の林牧人先生から誘われました。１９７７年に青学が神学科を廃止した。でその代わりに東神大にメソジストの講座を作ったので、東神大はベースは旧日本基督教会系だけど、メソ系の受け皿にもなっています。

大頭　日基教団の中でその青学とか関学のメソジストはホーリネスの人たちをどう思ってるんですか。

石田　昔と今とでは違いますよね。今は藤本満先生（1957 - ）が東神大で教えています。私の頃は青学の深町正信先生が教会史特講っていう形でメソジストを教えていた。深町先生が引退した後、その後任に藤本先生が入った。でもぼくの入ったころは、イムマヌエルの先生が東神大で教えるなんてことはありえなかった。

大頭　やっぱり、熱心すぎて勉強しない人たちっていうイメージですか？

石田　いや、福音派から見れば、東神大はリベラル派の神学校だから敵だったんですよ。でも日本キリスト教団の中で見ると「東神大のどこがリベラルなんや」と関西の神学校の人たちは言うわけです。

大頭　イムマヌエルの先生が東神大で教えようなどとは思わない。こっちも呼ばないし向こうも来ないみたいなそういう感じですね。

石田　そうですね。そのころは。

大頭　先生が更新伝道会に惹かれたのはやっぱり神学的にってことですか？　予定論がはだに合わないとか。

石田　予定論がはだに合わないというのは昔から。昔から野呂先生が「カルヴァンの神は悪魔よりひどい」と言ってましたからね。

大頭　やっぱり神学的に俺はやっぱり出自からしても……。

石田　だからウェスレーをやりたいっていうのはもうずっとあったわけですよ。

大頭　小さい時からきかされてるし。それで東神大から、どこに？

石田　卒業して最初に赴任したのは長崎県の諫早教会。この教会は旧日本メソヂスト教会だったんですよ。

大頭　更新伝道会が手配してくれるわけですね。

石田　いや、卒業生の最初の任地は神学校の方で配慮してくれます。だから私は東神大に4年間いて、最初の1年間はホーリネス教団の府中教会にいて、1年終わったところで、自分がこの先どうするかってことを考えた時に日本キリスト教団に替わっちゃおうと思った。というのは3年間教団の信徒でいないと教団の教職になれない。だから1年が終わったところであと3年間神学校にいる間教団の信徒でいれば、神学校を出たときに、すぐに教団の教職になれる。教団に移る時に教授から「長老派の教会も体験しておいた方がいい」と言われて芳賀力先生（はが・つとむ、1952-）の東村山教会に籍を移しました。芳賀先生は教団の中の連合長老会っていうグループです。だから3年間長老主義の教会形成のもとで神学校生活をしていたわけです。卒業年次になって学長が一人一人面談して君はどういう教会に行きたい？と、その時に私はメソジスト系の教会に行きたいと答えたら、君は芳賀先生のところだから長老派の教会かと思ったと言われました。

大頭　同級生は何人ぐらいいました？

石田　私の時は30人ぐらいですね。

大頭　メソジストに行った人は30人中でどのくらい？

石田　どのくらいだろう。わかんないけど私だけってことはない。年によって増減する。ぼくの少し後に林牧人先生（西新井教会牧師、1972-）というのがいますけど、彼から聞いたら、あの教授がウェスレーの話をした、この教授も、と、ウェスレーリバイバルみたいな年があったみたいです。

大頭　先生、わりとリタージカル（典礼的）じゃないですか？

石田　補教師の時に、聖餐式には長崎から別の先生に来てもらって聖餐式やってもらって、3年目の終わりに正教師になって自分が聖餐式をやるって時に、聖公会祈祷書をベースにした聖餐式文を作りました。諫早《いさはや》の教会の人は、スムーズに受け入れてくれました。

大頭　カトリック強いですからね。

石田　実は礼拝が始まる時は人があまり来ていなくて説教が始まる頃にはみんな揃ってる。これは何とかしなきゃいけないと思って。あの式文だと応答でやりますから。あれ見て一人の信徒が言ったことは「これじゃ遅刻できない」。（笑）

大頭　更新伝道会がリタージカルというよりも一人リタージカルみたいな感じすか？

石田　そうですね。あとリタージカル傾向は数人いて、更新伝道会の中にもいるんですけどもそのうちの一人が林牧人先生。ぜひ西新井教会のyoutubeを見てください。

大頭　そんなハイチャーチみたいなことが割と自由にできるんですか？

石田　できます。『日本基督教団口語式文』には礼拝順序が3パターン書いてあって、2と3はメソ系、聖公会系の式文で、礼拝順序3には「キリエ」とか「スルスム・コルダ」とか書いてあります。

大頭　日基の中で何やろうが誰も別に監督しないし、更新伝道会の縛りもそんなにない？

石田　むしろ更新伝道会はもう少しハイチャーチ志向にした方がいいんじゃないかっていうことを思ってます。

大頭　更新伝道会はどれぐらいの教会あります？

石田　どのくらいだろう。夏に大会やると教職信徒合わせて全国から100名ぐらいは集まる。

大頭　諫早の次は？

石田　名古屋の尾陽教会。これは元救世軍。ハイチャーチ的なところは全くないです。ただ元救世軍の東海道連隊長の先生が（連隊長って、要するにビショップですから個別の教会は持たない）日本基督教団に合同して教会を持たなきゃいけないということで尾陽教会に赴任されたわけだけど、救世軍ですから上意下達。牧師の言ったことは絶対みたいなところです。ある信徒の方が道路が渋滞して電話で「道路が混んでるので遅れます」と言ったら「いけませんせん早くいらっしゃい」と。（笑）こんな感じで。でもすごく面倒見の良い先生だった。

でもその後に何人かの先生がいるんですけども、カルヴァン派の先生もいてウェストミンスター信仰告白を週報で毎回解説してる時代もありました。

大頭　そういうことが起こるんですよね、日基の場合。合同教団の悲劇ですよね。

石田　でもその先生はやっぱりね難しかったみたいですね。私が行った頃にはウェストミンスターのなんたるか言える人はほとんどいなかったからね。

大頭　定着しなかったわけですよね。で、そこは何年なんですか？

石田　17年。

大頭　長かったですね。

石田　13年ぐらいしたところで諫早でやった聖餐式の式文を持ってこようとしたら追い出されちゃった。

大頭　合わなかった。で、鈴鹿。何年目ですか？

石田　２０１４年からですから、10年め。

大頭　鈴鹿はハイチャーチを受け入れたんですね？

石田　いや、受け入れていない。ほとんど誰も来ない早天礼拝をハイチャーチにした。

大頭　やっぱり。割と何でもできるし、でも教会との関係ではいろいろなんですね。

石田　ただまあ服装は、あの格好にしたのは鈴鹿からです。鈴鹿に赴任した最初からあの恰好

（キャソック・アルブ＝写真）にした。それに関して文句を言われたことはない。

大頭　鈴鹿はもともとは長老派？

石田　戦後の教会なので旧教派はありません。終戦後間もなくの頃に、東神大を卒業した若い先生がやってきて、鈴鹿伝道所を始めた。

大頭　それはバルティアン（神学者カール・バルトを考えの中心に置く人たち）みたいな人？

石田　ちょっとよくわかんないけども、最初の先生はあまり長くいなかった。5年もいなかった。そこで牧師を辞めちゃった。ただいずれまた牧師になるつもりだったようです。きっかけは預言問題があった。信徒の中に預言を語る人がいて、結構それがよく当たるということがあって、それでその先生は牧会ができなくなってしまった。

大頭　牧師の権威みたいなもの？

石田　その辺もよくわかんないんだよね。とにかくそれでやめちゃった。一般企業に就職をしてだいぶ経ってから今度は教団ではなくて全然別のところで牧師になったんです。ペンテコステ系です。鈴鹿教会はその後米国長老教会のミス・ハリエタ・ジョンソン宣教師が30

年牧会されました。長老派ですが、祈祷会では『聖歌』を使うなど福音派的でした。ジョンソン先生の影響は今も強いです。

私の前任者はホーリネスの群れの先生で15年牧会されました。

大頭 今の経歴を聞いてると先生はいわゆるきよめ派（ホーリネス系の諸教会）のこともわかるし、主流派の中のメソジストのこともわかってるという感じですね。

石田 で、3年間は連合長老会の教会に在籍したので、ある程度長老派にも触れている。大学の時にね、聖書研究会の中に日本チャーチオブゴッド（ホーリネス系のチャーチオブゴッドとは別）というペンテコステ派の教会の友だちがいて、今でも仲良くしてるので、ペンテコステ派にも触れている。

大頭 「聖化の再発見」なんですけども、これはやっぱきよめ派の中のセカンドブレッシングをターゲットにした本なわけですけれども先生から見るとどうですか。ここでの主張、つまり聖化はリレーショナルなもので神との関係・人の関係の健やかさにかかるものであるとか、きよめや個人主義的なものではなくて教会の中で実現していくものであるとか、体験の順番は関係ないとかこの辺りはもう普通にメソジストなんですか？

石田 まず従来のホーリネス教会は、あまりにも個人の徳みたいなものに引っ張られすぎてたんじゃないか。ウェスレー自身（John Wesley, 1703 - 1791）は、キリスト者の完全、クリスチャン・パーフェクションという言葉を使いますけれども、決して特別なことではない。だけどホーリネス教会は、それを特別なセカンド・ブレッシング、特別な恵みにしてしまったんじゃないか。

大頭　個人崇拝みたいにもなっていたしっていうことですよね。ここで言ってるようなことは普通のメソジストから見たら今頃何言ってんのぐらいの話でしょ。

石田　やっぱりね、強調してるのは愛ですからね。愛ってのは一人で愛はないわけで他の人との関係、神さまとの関係の中で愛があるわけでね。だからリレーショナルってのは当然。私は名古屋学院大学というメソジスト・プロテスタント教会が作った学校でも教えていますが、スクールモットーは「敬神愛人」です。神を愛するということは具体的には隣人を愛することです。

大頭　今ごろ何言ってんだっていう感じですよね。どうしましょう（笑）、ウェスレーに帰ればよかったみたいな話ではあるんですけどね。こうなっちゃって崩れちゃってる以上、どこが間違ってましたかっていうことを検証するみたいなことでしょうか。

石田　これはなかなかいいなと思ってね。この本は聖書を根拠にして書いてるわけで。

大頭　これは更新伝道会系の人にとっても役に立ちます？

石田　役に立つんじゃないかな。今どうだろう更新伝道会ってあんまり神学的なグループでもないのね。ウェスレー研究会ってのやってますけども、そんなに大勢来てるわけでもないので。でもそのウェスレー研究会に呼ばれる人が藤本満先生だったりナザレンの坂本誠先生だったり。そのうち大頭先生にも声かかるかもよ。

大頭　成全会の方はどうですか？

石田　成全会は関学の人に聞かないと私にはわからない。神学部の同窓会っていうニュアンスが強いんじゃないかなと思います。でもメソジストの伝統が残ってるっていう意味では残ってる。説教頼まれたら断ってはいけないとかね。

大頭　そこでは聖化というような言葉をあまり使われないような感じですか？

石田　どうなんだろう？　メソ系とホーリネス系との違いでは、社会の問題にどれだけかかわるかっていうところですよ。旧メソジスト教会はもう明治時代から東京東部の下町に入ってそこでセツルメントを作ったりとか、ずっとそれやってきたんですよ。それはホーリネス教会ではやってない。

大頭　関学（関西学院大学）は社会派ですか？

石田　必ずしもそうとも言えないと思うけども東神大と比べると社会的な事柄に強い関心があると思う。

大頭　同志社は社会派？

石田　同志社はいわゆる新神学を受け入れた歴史がありますよね。

大頭　同志社と関学ってどう違うんです？

石田　同志社は、会衆派なので各個教会主義ですよね。関学は監督制の名残がある。一番明瞭に感じたのが牧師就任式の司式者の表記でした。九州教区は関学が強いんですが、そこでは就任式の司式者は、実際には常置委員がやるんですが、「常置委員〇〇」ではなく、「教区議長代理〇〇」と書くんです。つまりビショップが司式するものという感覚。中部教区は東神大が圧倒的なんですが、「司式者　常置委員〇〇」と書く。

大頭　きよめ派に育ちながら、メソジストに行った石田先生としてきよめ派に何か言いたいことがあるとすればそれは何でしょう？

石田　これはプロテスタント全般っていうふうに言っていいのかもしれないけれども、やっぱり教会歴史の2000年の伝統ってものをちゃんと見て、その中から汲み取る。特にプロテスタント福音派としては、どうしても「聖書は……」となるんですよ。しかし私が思うのはね新約聖書と教会とどっちが先かって。新約聖書がない時もキリスト教会はあった。教会の営みの中で聖書が編まれた。ですから教会の営みを歴史の中からもっともっと汲み取っていかなきゃいけない。自分がそうなんだけどもアウグスティヌスから宗教改革まで飛んじゃう。アクィナス（Thomas Aquinas, ca. 1225 - 1274）もおいしいんだが。そこはやっぱり大事にしておかなきゃいけないだろう。

大頭 そこで大事にしているのは聖書っていうよりも、自分たちの聖書解釈をだいじにしている。そもそもホーリネス運動って19世紀じゃないですか。それはもうなんていうか歴史のない体験を中心とした、そして素人みたいな聖書解釈から始まっているようなところがあるんで、その危うさみたいなものはありますか?

石田 あります、あります。一方でね、体験があるから一つの強みでもあるんですよね。だけどもその体験とそれから教会が紡ぎ出してきた神学ってものをきちっと整合性をとっていかないととんでもないところに行っちゃうよ。

大頭 大頭眞一に期待することをお願いします。

石田 期待大です。だから8月に鈴鹿まで来てもらうし。

大頭 きよめ派が軌道修正してくれればいいなぐらいのつもりでやってるんですけど、これがきよめ派の、あるいは、メソジストの大同団結や神学校の合同みたいなそういうふうになる可能性ってあると思います?

石田 あるかどうか。まあ合同まではちょっとぼくは言えないけれども、だけどもうすでにね、藤本先生あたりは東神大にも教えに行ってるわけですね。本当に私が神学生の頃には絶対ありえない話ですよ。だけどそういうことが起きてきているわけね。そういう中で大頭先生の働きっていうのはすごく可能性が開けてる。昔のリベラル、ファンダメンタルという区分とは違うと思う。特にメソ系の場合は、ウェスレーからしてそうなんだけどもそういう違いを乗り越えていく力を持ってると思います。

大頭　あんまりドグマディックにシステムを組んでいくというよりはまあ比較的オープンな神学を元々持ってるってことですね。

岩上祝仁の巻

大頭　岩上先生のまわり、イムマヌエルで、きよめで困っている人いますか。いろいろきよめを教えられてるんだけど、ピンとこないとか、あるいは、たとえばセカンド・ブレッシング（新生とは別のタイミングで、瞬時的に明確に与えられる聖化を標準とするアプローチ）が厳しく入っていて、自由さを失っているとか。

岩上　それってきよめに困っているのではなくて、「きよめ」の神学や実践が成熟していいますか？　という問いだと思う。

たぶんぼくが少年時代とかは、セカンド・ブレッシング（第二の転機）が強調されていて、きよめですべてを解決するように言われていた。きよめが提示されていたように思う。そうすると、問題が残るとしたら、それはきよめの信仰が徹底していないと理解する人たちがいたと思う。それできよめの信仰について考え、悩んだ。時には、信仰が否定されたように感じて、傷ついたということは聞いたことがあります。そういうのがあって、インマヌエルでは「きよめと人間性」という論集を出した。この論集で「きよめ」の恵みを掘り下げて、きよめられた後でも、人間的な弱さが残ることなど、またそれらは瞬時的な経験によってだけではなく、信仰の歩み、特に成熟の問題であると理解するようになりました。

大頭　今でも効果的に語っているような説教がなされていますか？　そういう人もいますか？　つまり律法的でもなく、またゆるゆるでもなく、実効性を持った

岩上　実効性を持った……。

大頭　成長に資するようなきよめが語られているでしょうか？　もちろん先生はそうだと思いますが。

岩上　そう言われると、ぼくが語っているかどうかっていうよりは、神の恵みがどれほど大きいかということ、私たちの抱えている問題の深刻さ、そのバランスをとりながら神が私たちをどこを目指して導こうとしているかどうかを語っているのかと言うことだと思います。説教が有効かどうかは、語り手の問題もあるだろうし、語り手の生き方の問題もあるだろうし、聴き取り手の状況もあるだろうし、それはもう神さましかわからないと思う。

大頭　先生のきよめの体験はどんな感じですか。自分のきよめを語るとすると。

岩上　罪に向き合いながら生きてきて、自分のだめさかげんとか、けがれたところとか、弱さとかが明らかにされて、将来について考えていたときに、きよめの恵みを求めて、信仰に立った。それがやっぱりスタートポイントです。でもそこからどんどんどんどん自分の神

学的な理解も深まり、聖書理解も深まり、神さまが与えてくださる恵みの大きさがわかり、さらにきよめの恵みが更新されていくという、そういう感じです。セカンド・ブレッシングとして献げます、という信仰から、さらにそこを基点として歩み続け、深められ続けていくっていうそういう感じかなというふうに思います。

大頭 聖霊のバプテスマという表現、イムマヌエルはします？ セカンド・ブレッシングという意味で。

岩上 セカンド・ブレッシング（第二の転機）としての聖潔《きよめ》を基本的には表現していました。

大頭 先生の感じとしては、その20代のとき、献げた。献身します……。そのときは聖霊のバプテスマを受けたという感じですか？

岩上 感覚的には、どちらかというと、献げたという強調点ですね。自分の中で信仰に立ったという思いが強かったかな。

大頭 なにかそこで、目に見えるしるし、たとえば、み言葉が浮かんだとか？

岩上 それはあります。み言葉に基づいて（私たちの伝統では、神からの約束の聖書のことばを受け取り、信仰によってそれを握って、すべてをささげてきよめの恵みに立つことですね。）、という。それと聖霊に満たされること、それが重なっていればベストだと思うけれども、その理論上のことと、体験上のこととは、私の場合ちょっとずれてるかなという感じがします。

大頭　この時にこうして、ああして、こうなってなってみたいな語り方をしていただけます?

岩上　基本的に献身に導かれる機会っていうのは、就職とか、いろいろ自分自身のことで悩んでて、学校の先生になったら教えられるし、学校の先生になりたいと思って教育実習にいく。でも明解に、宗教の話をしちゃいけない、聖書の話をしちゃいけないというインストラクション(指示)が来ている。個人的には喋りたくても足かせがあってストレスを非常に感じた。で、やっぱりこれはまっすぐ福音を伝えなきゃダメだねっていうことで、祈り求めて導かれていったっていうのが直接献身です。神学校入ってからですね。自分の召命がそれでよかったのか、とか。まあいろんな先輩とか仲間とかのやり取りの中で、自分の醜さが見えてくるので、求めて祈るということがあった。

大頭　自分の罪みたいな。

岩上　そうですね。罪というよりは自分の汚れや醜さそのものですよ。

大頭　きよくない?

岩上　きよくない自分がいて、こんなことでいいのか、と。

大頭　ねたんだり、みたいな?

岩上　ねたみはあまりないな。ねたみというよりは、あの当時はすごく強調されていて、ほんとに明け渡していますかということですね。あなたの人生の主導権を自分でにぎっているのではなく、神さまを自分の生涯の主の主、王の王としていますか。そのあたりが示されて、自分は自分に執着している、そういう観点です。

大頭 でも、人生を献げているじゃないですか。

岩上 ああ、でも、体を献げてるってことと、心の中まで献げてるっていうことは、別の問題。神学校に入ったからと言って、人はそんなに変わっていないじゃないですか。

大頭 それは牧師になるんだったら、こんな牧師になりたいとかそういうようなところですか。

岩上 それも含めてですよね。

大頭 そこもあなた（神さま）がおっしゃるとおりに、みたいなところですね。

岩上 そうですね。（神学校に）入ってみればわかるのは、自分にいかに賜物がないか、説教の賜物はないし、勉強もそんなに出来ないし。人をねたむというよりは自分のダメさ加減を嘆くみたいな。

大頭 で、嘆いてそれで？

岩上 だからそこで結局あなたは何のために生きるのか、と。自分のありのままを認めて、「わたし（主）のために生きるのか」とそういうことですよね。

大頭 そのように申し上げた？　祈りの中で。

岩上 神学校時代は、本当にやっていけるのかどうかっていうことで悩みました。私の場合は神学校入試の面接の時に、「わたしは信仰に立って神学校に入りました」って言ったら、試験官の先生のひとりがエレミヤ書の1章を開いた。そして「あなたの献身することは生まれる前から決まってたんです」ってね。それでなんか愕然として私の信仰と献身は一体何だったんだろうか。と、そう悩んだわけです。

大頭　自分が必死の思いできたのに、なんかこうこけた感じですか

岩上　コケたというよりは、そんな「運命論的な、決まっていた。」みたいな、あなたはそれにやっと気づいたのですかみたいな、そういう風に言われたようにその時の僕は感じた。「いやそう言われても自分は納得できない。神学校は自分の意思や信仰ではなく、定められてただけだったら、しょうがない」と思った。神の導きと信仰で進んでゆく生涯ではなく、全てが運命で定められて自分と神さまとの信仰による関係が否定されたように感じた。色々なものが崩れ去るような気がした。これはだめだと思って、神さまの前に一人で祈祷室に入って祈りの時をもった。「このままでは神さま、神学校を続けられません」みたいなお祈りをした。その時は特別ですね。神さまからエレミヤ書の1章を開けと、聖霊から促された。私は「エレミヤ書1章はもう十分です。」と答えた。「いやもうあのみ言葉で私傷つきましたと。「いやもっと私が語りたいところはそこじゃないから」と、祈りの中で主に示された。6節からの「ああ、**神**、主よ、ご覧ください。私はまだ若くて、どう語ってよ

いか分かりません。」主は私に言われた。「まだ若い、と言うな。わたしがあなたを遣わすすべてのところへ行き、わたしがあなたに命じるすべてのことを語れ。彼らの顔を恐れるな。」というのが信仰の、献身の転換点となった。

大頭　これはかなりはっきりした体験ですね。

岩上　そうですね。それは個人の体験なんで一般化する必要もないし、でも語ってくださる神さまだし、それとともに本当にきよくしてくださる神さまっていう次のステップへの神のリアリティにふれた。

大頭　それは転機的な体験と呼んでいいでしょうか。

岩上　そうすごく転機的。

大頭　それは聖霊に満たされた？

岩上　そこと聖霊に満たされたというのは分けて考えている。自分の体験の中では。

大頭　それはどこなんですか、聖霊に満たされたのは。

岩上　聖霊に満たされたという経験は集会に出て献げて、本当に恵まれて満たされて経験を人生の中で何度かそういう体験をしました。私の人生の転機として一番大きいのは、1995年の1月17日。阪神淡路大震災の時。その時私はアメリカにいて、そこで神戸で地震があったっていうニュースを聞くわけです。すぐ家に電話かけて家が潰れたと聞く。

ただ少なくとも家族は無事ですよ、ということと、火事が起こっているからお祈りしてくださいと母から聞いて、とそこで電話が切れた。実感もないし、緊迫感もありませんでした。ところが阪神高速が倒れている映像を見て、これはただごとではない。そこからは自分が住み慣れた場所。教会員が住んでいるところが、火事で燃えてゆく様がアメリカでも放送された。教会で何人なくなったかもわからない。そのとき哀歌の3章「私たちは滅び失せなかった。主のあわれみが尽きないからだ」という聖句と賛美歌 And Can it be（はかりしれぬ愛よ）が心の中に響いて、どれだけ犠牲があって、どんなことがあっても、痛みの中、苦しみの中、そのただなかに、主はおられる。涙の中で主はおられ、私を支え守り満たしてくださる。そこで主の十字架の愛に圧倒された。転機的な経験でした。ただ、帰国して被災の現場に立ったときの喪失感は生涯の痛みとなって今も重く心の中に残っている。同時に悲しみは年を追うごとに深くなっている。

大頭　聖霊の満たし？

岩上　私の場合は聖霊の満たしはそのとき、キリストの愛に包まれるという経験。奉仕のために満たされるというのは、ちょっと意味合いがちがう。少なくともそこから私の神の愛に対する信頼はまったく変わった。きよめ派の運動の中で、セカンド・ブレッシングていうと体験が、あるかないかも大切だけれども、その「きよめの恵みに歩む」ことの方がもっと大切だと考えるようになった。

大頭　じゃあ、あまり悩んでない？　自分がティピカル（典型的な）な経験をしているかどうかってのは。

岩上　悩まないし、悩む必要もない。

大頭　イムマヌエルのきよめをざっくりいうとどうなりますか？　今まではこうだったけど、という話でいいですけど

岩上　やっぱり創設者の蔦田二雄《つただつぎお》（1906 - 1971）が、戦前ホーリネスムーブメントを経験して、そこからの反省でジョン・ウェスレー（John Wesley, 1703 - 1791 一八世紀のイングランド国教会の司祭で、その後メソジスト運動と呼ばれる信仰覚醒運動を指導した人物。）に回帰しようという部分があるので、そこはイムマヌエルのきよめの理解の中で非常に強い。ウェスレー以外の神学者にとって、きよめって、実践神学です。でもウェスレーはそれを救いの神学の中心に据えたので、救いの理解ときよめの恵みを結び付けて、それと実践を結び付けた、そういう点で、すごく稀有な神学者。そこはイムマヌエルのきよめの理解のすごくよい点です。

大頭　蔦田二雄が戦前のホーリネス運動に感じた問題とは？

岩上　中田重治（1870 - 1939）との関係で、一番大きかったのはホーリネス教会の分裂騒動。神の愛に満たされてきよくなったのにもかかわらず、リバイバルが起こっているにもかかわ

らず、分裂があったってこと。それから、第二次世界大戦中に、ホーリネス派への宗教弾圧を受けて、二年間、投獄されたこと。そこで蔦田は信仰のあり方とかいろんなことを見直して、戦争が終わった時には、自分なりに立っていこうと決断をした。

大頭　蔦田二雄はセカンド・ブレッシングは強調していましたか。

岩上　強調してました。蔦田二雄自身は第二の転機としてのきよめの恵みは生涯変わらずに強調していました。戦前のホーリネスリバイバルから受け継いだものはたくさんあったと思う。それと同時に、戦後、彼なりに修正をした部分もある。たとえば四重の福音（新生、聖化、神癒、再臨）の強調は私たちには受け継がれていない。

大頭　ウェスレーを学んでも、セカンド・ブレッシングは変わんなかった？

岩上　変わっていない。第二の転機《セカンド・ブレッシング》としてのきよめの理解は。それは蔦田の体験に基づいていると私は考えている。

大頭　その後蔦田二雄離れというのは進んでますか？　あるいは蔦田二雄が理想としたウェスレーの見直しは健全に進んでいると思いますか？

岩上　「蔦田二雄離れ」という表現が正しいのかどうか分からないですけれども、蔦田二雄が生きていて蔦田二雄といっしょにイムマヌエルを創設した先生方はある程度蔦田二雄を客観視していた。関係性の中で。次の世代になると蔦田二雄の教え子たちが蔦田を憧憬の目で見てたと私は考えています。で、私たちは第三世代。私が小学校の二年生のとき、蔦田は召されました。私は会った記憶がない。逆に客観視ができてそこで見直すっていうことはある。今、イムマヌエルが何を大切にしなければいけないか。受け継いだらよい信仰的な遺産は、しっかりと持ちつつ、いろんなものは見直さなければばらないということは当然ある。ただ、イムマヌエルにとっては創設者であり、信仰と実際の基礎を据えた大切な存在であることには変わりはない。

大頭　蔦田二雄がウェスレーを学んだことによってよいものが残ってます？

岩上　残ってると思います。ウェスレーを学ぼうとする人たちが出てきた。イムマヌエルの基礎は蔦田二雄の「聖と宣」のビジョン（イムマヌエルでは「聖書信仰」と「聖化の恵み」を「聖」で表現し、伝道と世界宣教を「宣」で表現している。これが「聖」と「宣」。神学校も「聖宣神学院」と命名された）をしっかり受け継いでいる部分にある。

岩上　大頭先生が聖霊のバプテスマをすごく問題にされるのはなぜ？

大頭　私はセカンド・ブレッシング一辺倒っていうのが、だいぶ歪みの原因になってると思っているので、体験はさまざまですねって思うんです。体験っていうのはそういうふうになんかこの人の体験がノーム（規範）みたいにできることじゃないよって……

岩上　ぼくは聖霊のバプテスマという言葉だけできよめを強調されてこなかった。大頭先生のいう聖霊のバプテスマは第二の転機ですね。

大頭　岩上先生には、聖霊のバプテスマと第二の転機はちがうのですね。

岩上　違うとは言わないけれども、全てではない。

リバイバリズムの中で聖霊に満たされるという経験はどこのところでもあって、2023年の2月のアズベリーのリバイバルでも聖霊の傾注はあったという表現かなされていて、検証されています。それはリバイバルの恵みであって、第二の転機として、という表現でまとめられるかっていうと、その後どういう運動が出てくるのかなと興味深く見ている。先生は、転機的な経験ということに対して何が問題？

大頭　一度きりの体験がなくてはならない、と言われてしまうと、それがなかった人々が一生苦しむことになったりとか、あるいはそういう体験した人はもう天下取ったみたいに自分はもうこれで充分なんだと思い込んでしまって、傲慢になったりとか、まあそんなところなんです。

岩上　でも、今の時代でも大頭先生は、きよめの体験イコールステータスみたいなとらえ方をする風潮が、教会の中にあるのではないかと。

大頭　はい。

岩上　なるほど。で、先生がおっしゃる関係性を重視しましょう、と。

大頭　はい！

岩上　神さまとの関係性、人との関係性の中で、きよめられていくよ、と。なるほどそういうふうに言っていただけるとわかりやすいと大頭先生は考えていますということですね。

大頭　先生たちは聖霊のバプテスマっていう言葉あんまり使わないですか？

岩上　使わなくはないないけど、最近は前ほど使われなくなっているかもしれない。

大頭　かつて使われてた頃っていうのはどうどういう意味で使われたんでしょう？　私が言うような意味でステータスとして使われてましたか？

岩上　私はきよめをステータスとして捉えたことはない。でもそのように考えていた人たちがいたなら、それは不幸だと思う。ウェスレーはメソジスト運動の中で、「きよめから落ちた人たちのグループ」という集まりも持っていた。ウェスレーはきよめは受けることよりも、維持する方が大切だと考えていた。

私たちの群れでも、聖霊のバプテスマを経験しなさいと語られていた。それがきよめの経験の表現の一部として、私たちの伝統の中にはあったことは事実。

大頭　一部として？

岩上　一部として。全てではない。

そもそもなんだけれども、ドナルド・デイトン（Donald W. Dayton）の『ペンテコステ運動の神学的源流〝*Theological Root of Pentecostalism*〟』を読むと。、メソジストの流れの中で聖霊のバプテスマの強調はウェスレーではなく、ジョン・フレッチャーにある。ウエスレーはきよめの恵みを「キリスト者の完全」と表現し、キリストの十字架と結びつけた。それが後年、リバイバリズムを経験した人たちによって、強調されるようになってきた。

大頭 まさに、そうですね。

岩上 そういう神学的な歴史の流れを踏まえて、私たちは聖霊の働きと十字架経験は深く結びついてると理解している。十字架なしの聖霊体験ではない。聖霊の働きはキリストと不可分に結びついている。

大頭 だいぶはっきりしてきました。やっぱり我々は気を付けるべきところがある。リバイバリズムに関して。かといってただ関係、関係と言って自分を献げたり、つけたりっていうことが、おろそかにされる、というのも違いますね。それも関係を損ねますねっていうことですね。

岩上 はいそうです。あと転機的っていう時に言われるのはやっぱり信仰で立つという側面があるので、その点において転機的です。その転機的であることが、一回限りの経験なのか、それがさらに深められていくのか、いろんなことがあると思う。大切なのは、今、その信仰に生きているのかの方が重要だと僕は考えています。

大頭　関係の実質が問題とされるべきですね？

岩上　実質という意味は？

大頭　つまり回数で数えるとか．何かそういう外的なしるしによるんじゃなくて、関係そのものが、神と人との間、人と人との間の関係が、存在を尽くすものであるかどうかです。

岩上　はい、そう思います。それがウェスレーの語った「キリスト者の完全」ですね。

大頭　きよめ派の合同や神学校の合同についてはどうです。

岩上　神さまのなさることはわからない。コロナの中でオンラインがこんなに広がるなんて想像もできなかった。

大頭『聖化の再発見』の感想は？

岩上『聖化の再発見』を読んで、ぼくはアメリカンメソジズム、アメリカの神学校で学んだので、ナザレンのイギリスの取り組みは興味深い。

大頭　アメリカではセカンド・ブレッシングが多かったですか。

岩上　アルターセオロジー（祭壇の神学）を語った、フィービー・パーマー（Phoebe Palmer, 1807－1874）の影響はアメリカでは大きい。日本のきよめ派は大きな影響を受けている。。私たちはもっと自分の立ち位置で考えなければと思う。すべてをささげる転機はなきゃいけないと思う。信仰は必ず瞬時的。私たちは今しか生きられない。今信じて、今歩んでいる。

と同時にそこに罪との葛藤とか、いろんな人間関係の問題とか、愛の問題とか、いろんなものを考えていかなくてはならない。そこで瞬時性と継続性のバランスを取る。ウェスレーの強調点は「キリスト者の完全」、そこにあなたは到達しなさいという。そこに生きることを目的とする。ウェスレーは聖霊の働きは強調していたが、特に新生経験において。同時に聖霊の賜物よりも、聖霊の実の方をウェスレーはたいせつにしていた。セカンド・ブレシングはウェスレー後、でてきた用語。私たちは時系列的なこと、歴史的なこと、それを踏まえて、きよめをどのように神学的に理解し、体験的に生きて行くのか。それが大切。私たちは神の救いの大きな全体像の中で、「きよめ」の恵みが備えられている。これを感謝して恵みとして信仰によって受け取る。逆にセカンド・ブレッシングのムーブメントが起こったことによって、キリスト者の完全のきよさは強調されたけれども、愛の完全が強調されなくなってしまったとするなら、それは残念だなと個人的には思う。

大頭　『聖化の再発見』が強調しているのは関係性のすこやかさ。これはどうですか。転機と言うよりも関係。今の関係はどうか。

岩上　あの本のオリジナルは2000年前後ですか？　ポストモダンは近代の考え方を超えて行く考え方になっていく時代なので、その視点かなと私は見る。神学も社会の影響を受ける。

大頭　それはしょうがないことなのですか

岩上　私たちは時代の影響からは逃れられない。人間だから。

大頭　よいことですか？

岩上　良い悪いの問題ではなく。神によって私たちは今の時代に置かれている現実と責任がある。

今の時代は、世界は多元主義になっているので、私たちはその中で、どう神学をし、どう実践できるか、という課題に直面している。

大頭　多元主義の時代に我々は何を語って、何をすればいいですか。多元になっちゃっているわけですが。

岩上　世界は多元主義になっているが、その中で私たちはキリストを信じ、キリストを語るだけ。

大頭　それは多元主義の中でも機能しますか？　でも変わっていくことも？

岩上　機能するのかどうかは分からない。でも相手を尊重しなければならない時代となっていることは確か。だから語り口は変わっていくのかも。

大頭　大頭眞一に期待することは

岩上　そのままでいてください。

錦織　寛の巻

大頭　最初に先生の周りできよめで困っている人がいるでしょうか。きよめで困ってるっていうのは自分がきよめられているかどうか不安だとか、きよめって何のことか分かんないとかっていうようなことで、きよめ派にいるがゆえの悩みみたいなことがあると思います。

錦織　やっぱり自分がきよめられてるかどうか、ずっとそこがすっきりしなくてという方はいると思います。実際にきよめ派の中にいると、きよめられていますというのも、きよめられていませんというのも勇気がいるし、きよめがわからないっていうのも勇気がいる。長く教会に通っていれば通っているほど、そこらへんのいろんなことがわからなくても口に出せないっていうこともあるでしょう。そういうことで悩んでいる方は大勢いらっしゃるんじゃないかと思います。

大頭　牧師になってくるとだんだんきよめの説教ができなくなってしまうことがある。最近聖会なんかに行きましても、バイブルリーディングのようなことが多かったりして。

錦織　それは私も感じます。昔からきよめ派で言ってたきよめっていうことに関しては、なかなか聞けなくなってきたのかなあ。それが良いかどうかはともかくとして、だから余計に迷う。昔からのメッセージを聴いて育った人たちには物足りなさが残るだろうし、新しいきよめ理解の中で育っている人たちは、今度は聖化っていう言葉についても、よくわからないし、「そんなに真剣に求めなきゃいけないものなの？」っていうことになってくる。

大頭　19世紀ホーリネスムーブメントの限界みたいなものが露呈してきたみたいなところありますか

錦織　それが一つあると思います。もう一つの私が感じてる問題は、今度は聖化が語られなくなってきているんじゃないのかということ。聖化って、たとえば罪の根が抜けてしまって罪を犯さなくなるとか、それまでとは全く違う、という表現の中で全ききよめということを言われてしまう、また完全ということ言われてしまう。するともう、今はとてもじゃないけどそんなことは言えないと、今度は開き直って、言わない語らない、そのことには触れない。また、あまりにも狭いホーリネス理解を押し付けたことのゆえに、きよめられたということを言っている人たちが、きよめの証しが立たないと自分でも気づいている。きよめの証しが立っていないということがみんなわかっているので、ああいうきよめだったらいらないみたいな話になってしまう。真面目にそのことを捉えようとする人、求めようとする人たちは病気になってしまう。そういう意味での限界を通りながら、今度は逆にふれてしまって、だからもうきよめについては触れないことにしようって、転機的な意味でのホーリネスっていうのは、今まで語られたようなものではない、と看板を下ろしたら？みたいなところが、ひょっとしたら起こりうるんじゃないかな。だからそこら辺で余計に両方のサイドから混乱が起きてしまう。昔ながらのホーリネスということの限界もある。それだからといって本当に私のもう一つの危機意識は、今まで大事にしてきたホーリネスを語らなくていいの？　っていうこと。

大頭　ここでざっくりとホーリネス教団の聖化とは何か、かつてのバージョン、そして今のバージョン、そして錦織先生のバージョンっていうのをざっくりと言うとどうなりますか。

錦織　はい。かつてのバージョンっていうのはやっぱりとても第二の転機ということを大事にしてきたと思います。それはどちらかというと聖書的にと言うよりは、その信仰者の体験というか、それまで自分たちの先達たちの中田重治（1870 - 1939）でもウェスレーでも、彼らが経験した転機的な体験ということを求めて行くという、そういう意味で私たちの中にも、第二の転機っていうことが必要で、そしてそれは、それを経験してしまえばもう鬼に金棒じゃないですけど、ある意味で多くの問題はほぼ解決するというような、そういう瞬時的・個人的な聖化ということが語られてきたと思います。

大頭　罪の問題に対して根絶という言葉を使って来られましたか？

錦織　使ってきたと思います。かってはですね。罪の根が抜かれるという言い方はしてきたと思います。ただしたとえばホーリネス教団の場合には２０００年を越えて、きよめのガイドブックを作ろうっていう話になった。「いのちへの道」という信仰を持つまでの人の学びがあって、松木祐三先生がつくられた。それに続くバージョンとして「きよめの道」、「聖化の道」、というものを作ろうということでトライをしたわけです。トライをしたんですけども、何人かの先生にそのことを依頼するんだけど、誰かがそれを一生懸命やって一つのものが提出される。でもいやちょっとここは違うんじゃないのみたいな話がまあ横から出てくるわけです。何人かの先生たちが尊い時間をとって多くの労力とってそういうガイドを作ってくださった。それはその先生たちの信仰理解、きよめ理解だったと思うんですけれど、それがそれじゃあ誤解を生まないか、これはやっぱり誤解を生むんじゃないかとかなった。これで本当に今までのホーリネス教団のきよめ理解ということ全部表しているんだろうかって議論になった時に、きよめの道を書く前にまずホーリネス教団の聖化理解をまとめなきゃいけないっていう話になって、「聖化ワーキンググループ」というのを立ち上げた。そこであーでもないこーでもないっていう議論をしたんですね。でその中で自分たちとしては、根絶という言葉を使わないということでそこで一つの結論は出しています。

大頭　なるほど。

錦織　だからきよめられたからもう罪を犯さないという、そういう誤解を与えるような表現については使わないということを、そのワーキンググループの中では話し、「私たちの信じる聖化」っていうパンフレットを出して、そういう一つの聖化の中にあるいわゆる成長という側面と転機という側面両方、預言者的な側面と祭司的な側面と両方あるじゃないのっていう話を、まあだからもっと聖化をトータルで見て行かないといけないよねっていうことをそこで確認をしたわけです。ただ聖会ということからすると聖化の継続的な側面だけではなく、転機的な側面についても語って欲しい。聖化の継続的な側面、継続的に主と交わりながらきよい者として成長していくという側面について語られる説教、もちろんそれも聖化の説教だから、それは本当に感謝して聴くし、日々の積み重ねということが私たちにきよい生涯を歩ませるんだからそれは大事なこととして受け止めるけれど、でも同時に信仰者の歩みの中にある転機ということに関しても、やっぱり大事なこととして、それは私たちに、きよめ派に託されているメッセージだろうと。そこらへんはホーリネス教団の中で、以前のようにたとえば十字架への（自我の）磔殺というようなことについて、たとえばそういう言葉は使わないけれど、全き献身だとか自我の死だとか、そういうようなことについてやっぱり大事なこととして受け止めている。ただホーリネス教団の場合にはとても幅が広いです。とても幅が広いし、より瞬時的なもの転機的なものを大事にする人と、より成長としての側面を大事にする人といるとは思いますけど、ただあれかこれかではなくて、その両方を大事なものとして捉えていこうと。ただ聖会ということになると、今でも恵みの座を開くし、そこでやっぱり何らかの決断を伴うような体験というか神さまの前に出るという体験をしてほしいということは、聖会では期待されてますよね。だからそういう説教そういう招きを伴うような説教を聞くと、ああ聖会に出たなという感覚はあります。

大頭　先生がご自分の教会の教会員が「きよめを求めているんです」と言われたときにどのように指導なさるでしょうか。

錦織　そこら辺のところは、たとえば教会の中でどれだけ転機としての聖化を、今ホーリネス教団の中で語られているかということになると、どっちかっていうと教会の牧会の現場の中では、これは多分昔からそういう傾向があったのかなと思うんですけど、教会の毎週の礼拝の中では、日々の成長の側面が強調されて来たような気がします。どちらかというとその転機という事柄については聖会にゆだねられてきた。だからたとえば聖会に出ることをとても大事にしてきたり、出席を勧めたり、または私が車田秋次先生もうこういう言い方をしてたよって聞いてるのは、たとえば礼拝の説教の中で「この続きは夏季聖会で」みたいなそういうのがあるっていうのはあった。「この先のところ聞きたかったら夏季聖会に行きましょう」と。

大頭 やっぱり教会という濃い人間関係の中で「死になさい」なんて言われちゃうと本当に死んじゃいそうになっちゃうわけですよね。

錦織 そうですね。そうだと思います。死になさい、って、その死ぬってことがどういうことかというのを本当にわかりやすく、たとえば聖書の講解説教の中でどれだけ語れるかってのはやっぱりチャレンジだと思う。たとえば今ホーリネスの教会でも以前のように伝道集会ってあまりしなくなっている。そして新来者の人たちが来られる場所っていうのは（主日）礼拝っていうことになってくる時に、礼拝の説教が（個人差があり、教会にもよるので何とも言えないですけど）わかりやすいものになってきている。もちろんそのテキストが講解説教をしている中で転機的な聖化について語られているところに当たればそういう話をするけれど、普段の日曜日の説教の中でどれだけ転機的な個人的な意味での信仰の中で起こってくる聖化ということについて語れているかというと、私の牧会している教会の人たちに聞かれても、たぶん「いやあんまり聞いてないいな」って言われちゃうかもしれませんね。

大頭 ま、でもその辺がいいバランスなのかもしれませんね。聖会にはその覚悟がある人々が出かけていくわけで、新来者とか信仰にはいったばかりの人びとは、まだそういうところではないのかもしれないですしね。それでは先生ご自身のきよめの体験をお話しくださいませんか。

錦織　はい。私は牧師の家庭に育ちましたから、小さい頃から多分小学生ぐらいの時から聖会には出てるわけですよね。自分が信仰を持ったきっかけっていうのが地獄に行きたくないと、イエスさまが再臨される時に、もしイエスさまを信じてなかったら地獄に行くっていう話を日曜学校で聞いていく中でこれは大変だっていう話になって。ただイエスさまを信じたら天国に行けるっていうんだけれどイエスさまを信じるってどういうことかって誰も教えてくれないわけですよね。その中で小学校三年生のときに、信じるっていうのは自分の罪を悔い改めて、イエスさまごめんなさいってお祈りして、イエスさまの十字架を信じることだよって、イエスさまがそのために救いのわざをしてくださったからね。イエスさまありがとうってそれを受けとめればいいんだ、ってことを教わって、ああそうかってわかったわけですよね。とにかく自分としては地獄に行くのが嫌でっていうことがあって、地獄に行くのは罪を犯すから地獄に行くんだって、でも、たとえば罪があったら神さまにお詫びをしなさい、そしてまた誰かに罪を、迷惑をかけたらその人にお詫びをしなさいってこともずっと言われるわけじゃないですか。その中で私はイエスさまを信じてからも不安な時期ってすごく長く続いたんですね。今はイエスさま信じたけれども、こんなこともしてる、あんなこともしてる、こんなこともしてしまった、これは本当に神さまにお詫びしないといけない、神さまごめんなさい。

そういう罪との戦いということの中で私はきよめというメッセージを聞いた。だから小学六年生の頃の私の日記を読むと私は聖会できよめられたって確かに書いてある。でもじゃあそこで本当に確信が与えられるかっていったら、そうじゃないわけですよね。実際の歩みっていうのは何も変わっていない。同じようなことをしている。小学生の子どもがきよめられましたって言って、でも突っ込みどころのないすばらしい神童になったらおかしいって、おかしくはないかもしれないけどそれはそれで心配だみたいなところがあって、で私の場合には普通の少年でしたから、まあ真面目だと思いますよ、罪を犯したくなかったから。そういう意味では真面目。で真面目が行き過ぎて、本当に罪を犯さない、罪を犯さない、罪を犯さないっていうことにずーっと一生懸命になっていた。でも聖会で前に出てお祈りするんだけれども、全然確信がない。あるときは聖会に出て行って恵みの座に出る。出て、そして先生がお祈りしてくれる。「ひろしくん、神さまから御言葉が与えられるまで祈ってください」と言われて、分かりましたって言ってお祈りするわけですよね。多分高校生か大学生ぐらいだったと思うんですけど、とにかくお祈りをして、でも確信がない。確信がないからずっとそこに座って、午後の集会だったんですけど、午後の集会が終わって夜の集会の奏楽が始まるぐらいまでそこに座ってお祈りしてたんだけれど、それでも確信がない。もうでも、後の人に迷惑かけちゃいけないなと思ったから、立ち上がりました。けれども、自分としては本当に全然決着がつかない、っていうところずっと過ごしてたわけですよね。ずっと過ごしてて自分が決着がついたのは聖書学院に入ってからでした。でそれは何だったかっていうと自分が聖書学院に入って、勉強している二年生の時だったんじゃないかな。二年生のときに、私の時代ってのはとても修養生が多かったんですね。70人台だったのでとても多かったし、同級生だけでも一年生の時には27~28人いましたから。そんな感じだったので、二年に上がった時に十数人だったのかな。基礎科があったので。二年生に上がって、その同級生の中にはいろんな同級生いるわけですよ。その中で、ある同級生が、自分とまあ同じぐらいの年なんだけど、でも自分としては自分はもう小学生の頃に信仰もってずっと信仰の歩みをしてきたし、小学校三年生のときに献身をして、自分の生涯は本当に牧師になるんだっていうことだけを考えて歩んできたし、たとえば大学で何を学ぶかっていうことも牧師になるためには何がいいか何が役にたつか、みたいなことを考えながら選んできたし、自分は自分なりに聖書もずっと読んできたし、自分なりに結構一生懸命やってきた自負はある。ところが自分の同級生の中には、ついこの間ついこの一年の間に信仰を持って聖書学院に入ってきた人もいる。ところが二年生の夏だったんですけど夏にその夏期伝道に行ってそれぞれがいろんな働きをして帰ってくる。

その夏期伝道の時に、彼はいろんなところで証しや説教して多くの人が導かれていくんですよ。夏期伝道が終わって証し会をした時に、こういう事がありました。彼は証しすることがいっぱいあるわけですね。で自分はどうかっていうと、その夏は結構しんどい夏で、ずっと先生に怒られ続けて、最後は教会の人にも先生にも迷惑をかけて帰ってくるっていうね、そういう夏期伝道で、自分はただ彼がそうやってすばらしい神さまの証しをするときに、「よかったね、神さま用いてくださったんだねって」、まあ言ってあげられる。言ってあげられるんだけど、でも同時に、自分の中には、「今は用いられるかもしれないけど、そのうち高慢になってこの人はダメになるかもしれない」みたいな思いがある。私は負けてないというような思いがあるということに気づいた。確かに口先では、よかったね、って言ってあげられているけれど、自分の中にある本音の部分って何かって言ったら、こいつは持たないよなって、そんなにいいことばっかり続かないよなって、やがてはきっと俺があいつに勝つ、みたいなことを思っている自分がいる。この人はやがてはきっと何らかの堕落をするに違いない、ぐらいのことを思っている自分がいるってことに気づいた時に、それってどっちかというと悪魔の考えることよね。そういう自分に気づかされた時に私は悶々とするわけです。どうすることもできなくて学院の屋上に上って熊のようにうろうろ歩きながらお祈りしてるわけですよ。神さまどうしましょうかって。こんなんじゃ本当に自分は悪魔みたいでどうすることもできないって。そうしてお祈りをしてる時に、神さまが私に示してくださるのは「あなたがたのうちの古き人はキリストと共に十字架につけられたんだ」「私の内の古き人は十字架につけられた。今生きてるのは、キリストが私のうちにあって生きておられるんだ」ってことを語られるわけですよ。ローマ書の六章だとかガラテヤ書の二章だとかっていう御言葉が響いてくるわけですね。ただ私としてはね、それはもう何度もやりました、その御言葉何度私は聞いたと思ってますかって。聖会で何度も何度も聞いてもう飽き飽きしてます。その御言葉、今まで何度もあなたは与えてくださいました。私も何度も信じようとしましたけれどダメでした。私にはその御言葉は効きませんから、私をきよめるって本当におっしゃるんだったら、もうちょっと珍しい、ちょっと毛色の変わったとっておきの御言葉がなんかありませんか、っていうようなことで神さまの前に取り組んでいたんですね。神さま、ちょっとこの御言葉は月並みすぎる。ほかの御言葉与えてくれませんかって。神さまほかの御言葉を私に何も教えてくださらない。まだ同じとこぐるぐるぐるぐる回ってるっていう中で、神さまこれ信じられませんって、信じられないんですって。この御言葉を握れと言われても私には握れませんって、神さまの前に祈っていた時に、それでも神さまは、その言葉を握れとおっしゃる。同時に神さまがその時私に教えてくださったのは、「起きよ、床を取り上げて家に帰れ」って私は言ったし、

「あなたの手を伸ばしなさい」って、あの手の萎えた人にも言ったよねって。あの中風の男は起き上がれなかったじゃんって、歩けなかったじゃん、でもわたしが言ったら歩けたでしょ。手が萎えて伸ばせない人に伸ばせって、確かにわたし言ったよ、無茶言ったよね。でもわたしが伸ばせって言ったら伸びたでしょって、わたしは握れってあなたに言ったんだけど、あなたは、いつまで握れないって言い続けるのって、いうふうに語られたときに「分かりました。私は自信はないし、自分には御言葉を信じる力、握る力、無いけれど、あなたが握れとおっしゃるんだったら、握らせてくださるんですね」というところで握らせていただいた。それが自分にとっての聖化の大きな経験っていうか、それが私にとっての大きな転機になったわけですよね。で、それからじゃあもう二度と罪を犯さなくなったっていうことではないけれど、ここに立っていけばいいんだっていうことがわかった。だからそれは自分にとって大きな節目になったし、自分がたとえば聖化ということを考える時に、今でも修養生たちに言うのは聖化の体験のためには罪の悔い改めと献身と信仰だよっていう話をして行く中で、やっぱりその要は最後は神さまの言葉を信じるしかないよ、ってその神さまがこうだっておっしゃるところの御言葉を信じたらいい。神さまの命令っていうのは同時に恵みの言葉だからねっていうそのこと、今でも言い続けている。それじゃ小学六年生の時にきよめられましたって言った体験はなんだったのかって、言われたら、単純に勘違いでしたって言っちゃいけないような気もするけど、でも自分にとってのやっぱり大きな転機は修養生の二年生の時のその時だったなって思う。

大頭 なるほどそれ御聖霊のバプテスマというような言葉を使います？

錦織 してもいいと思います。だから私はたとえば聖霊のバプテスマという言い方をしても第二の転機と言っても、キリスト者の完全と言っても、言ってみれば一つの体験のいろんな側面を表していると理解しているので、だからそれを聖霊のバプテスマという言い方で言っても全然構わないと思う。

大頭 修養生たちの中にはそのように話しても、はっきりとした瞬時的な経験をしない人々もいますか？

錦織 やっぱりいると思います。それは神学校で教えている者としては、その体験を、きよめの体験をして卒業して欲しいと思うし、そのことについて自分なりの結論を出して出て行ってほしいと思う。ただ今の修養生の中にはきよめ派以外の人も来るし、それから信仰の歩みということからしても、それぞれ個人差はあるので、たとえばそういった大きな転機を聖書学院を出てから経験する、たとえば中田重治にしてもウェスレーにしても言ってみれば牧師になってからその経験をしているっていうことからすれば、ありかな。たとえばホーリネス教団で教団的に言うなら、たとえば教師試補になる人こういうことができて欲しいとか、補教師になる段階でこういうことができてほしいとか、きよめの説教ができるようになってほしいとか、まあいろんなことはありますよ。だからそういう場合にたとえば転機的な聖化の体験がいや自分の信じている聖化とちょっと違うんだよねっていう受けとめ方をする人もいるかもしれない。それはまあいいかな。いいかなっていうのは、私が言っちゃうのもなんだけど、やっぱりあり得るだろうと思います。ありえるけれどたとえば転機という意味ではね、やっぱり信仰者の歩みの中でどっかに転機があってっていうことはやっぱりある。実は私がアメリカで勉強した時に北米ホーリネス教団でお世話になってそこで小さな教会の学生牧師として奉仕させていただきました。北米ホーリネス教団には、英語部の人と日語部の人がいるわけですよね。北米ホーリネス教団って日語部の牧師たちはだいたい東京聖書学院卒業生なので同じようなこと聞いてる。ところが英語部の牧師たちはバプテストの神学校出てる人もいれば改革派の神学校出てる人もいる。だからそんなにホーリネスということに関心があるかと言ったら関心がなかったりする。ある時、1人の英語部の牧師が私に「日語部でさあ、聖化って言ってるのってそれ何なの」っていうふうに尋ねられたことがあって、それはね、信仰者の歩みの中でいろんなところで、たとえばその人が行き詰まることがあるんじゃないって、そこで神さまの恵みによって一つの大きな転機を経験していく。そして神さまの前に罪を悔い改めたり、献身を徹底したりってことがあるじゃない。そういう経験なんだよって、そういう神さまの恵みの経験だよっていう話をしたら、いやそれはね俺もあるよって、そういうふうに言いました。彼は、改革派の神学校出てたけど、それはあるよって、私だってあるよって。だから第二の転機を経験してしまったらもう二度と転機はないとか、第二の転機を経験してしまったらもう完成品で突っ込みどころがない人生を歩めるとかって言うとややこしいけれど、信仰者の歩みの中に大きな、もちろん教会の聖化だとかそういう共同体の聖化というような側面も大事だけど、でも同時に個人の信仰の生涯の中に起こってくる転機としての聖化ということで受けとめるならばそれはわかるよ、それは自分たちも経験してるから、と言われました。もしきよめ派が聖書と違うことを話してんだったら本当に真剣にそのことを考えないといけないし、修正しないといけない。でも聖書に書いてあることを言っているのだったらそれは一生懸命そのことを語り続ければいいわけで、ただたとえば聖化の成長としての側面しか語らない教会があったとしても、ただきよめ派の教会はね、この転機の経験、個人的な節目の経験、体験っていうことを大事にしてきたんだよって、それを語り続けるんだっていうことは大事なことだと思うし、それをすることがキリスト教界全体にとってやっぱり益になるんじゃないか。だから私は改革派の先生たちから多くのことを学ぶし、たとえば自分が信仰が本当に楽になったのは、やっぱりコーリー・テン・ブームの本を読んだことが大きなきっかけなんですよ。オランダ改革派ですよね、あの人は。本当に神さまは大丈夫っていう、神さまの主権に対する信頼ってすごい。それはやっぱりきよめ派の中にひょっとするときよめられてますか、きよめられてもまだなんか残ってるんじゃないか、まだ残ってるんじゃないかってね、不安を煽るようなそういう説教がされてきた伝統があってそれがちょっときよめに対するアレルギーを起こさせてしまっているとしたら、確かにそれはちょっとやっぱりきよめの行き過ぎということはあったと思う。で私はやっぱりそのコーリー・テン・ブームの言い方、たとえば私たちの信仰がどんなに小さかったとしてもね、神さまは大きなお方だから大丈夫なんだよっていう風に言われた時にストンと落ちるわけですよね。あ、そうだって。本当にそうだ。その恵みに生きて行けばいいんだって。それはやっぱり改革派の人たちから学ぶことなわけですよ。だからきよめ派が何を受け継ぎ、何を貢献して行くっていうか、教会全体の中で何を語り続けていくかっていうことは、きよめ派の自己反省、今まで行き過ぎていたことだとか、語り方がちょっと間違ってたかもとか、強迫神経症的なクリスチャンを生み出してきたんじゃないかとか、人間性を無視してきたんじゃないかとか、ということに関して、もちろん反省しなくちゃいけないし、修正は必要だけれども、きよめ派が受け継いできたメッセージの中にはとても大事なことがある。それはやっぱり次の世代にきちんと手渡していかないといけないよねっていうのはあります。それがキリスト教会の中できよめ派がその存在価値があるとしたら、それを大事にしないといけない。もしユニークな強調点が何もないなら、もうきよめ派はやめちゃったほうがいい。存在価値があるとしたらやっぱり節目の体験としての聖化ということについてきちんと語る。ただ同時に教会としての聖化だとか、聖化の継続的な側面だとかということについて、また立場としての聖化というようなことに関しては、やっぱり今まで大事に語ってこられた方たちのメッセージをきちんと聞いてそこから学ばないといけないと思う。ただ、やっぱりなんて言うんだろうな、なんかおかしいぞって、なんか本当に神さまが私のために用意してくださったクリスチャン生涯ってこういうものかっていうことで行き詰った時に、いや違うよって、この地上を歩んでいる間はあきらめなっていうのではなくて、いや神さまはね本当に豊かな生涯を用意してくださってるんだよというメッセージは、やっぱり私たちは、いやだんだんそのうちなんとかなるかも、みたいなことではなくて、やっぱり神さまは豊かな恵みを用意してくださってるよ、求めたらっていうのは、やっぱり私たちは語りたいかな。

大頭　とってもよいバランスよく語ってくださったと思います。ありがとうございます。先生、きよめ派の合同とか神学校の合同の可能性があると思います？

錦織　はい、私は是非願っています。私は本当にきよめ派が、本当にお互いに何て言うんだろう、自分だけが正しいみたいなことをやめて、一つになっていくということ、違いを探したらもうややこしいことになるし、自分が正しいんだってことを言い出したら本当に大変なんだけど、お互いの違いを受け入れながら、協力していくことが大切だと思います。今の神学校の姿を見ると、今年東京聖書学院もフルタイムの働き人を育てる本科の修養生と信徒奉仕者を育てる一年訓練コース全部合わせても十二人。そして、一年生のクラスにいる人っていうことから考えると、ホーリネス教団の出身者が今年はいない。そういうことからするとやっぱりきよめ派の神学校が協力できるところは協力して私はもう一つになってほしい。そのためにはいろんな根回しをしないといけないとか、そのためには一つ一つステップを積んでいかなきゃいけないっていうことを、言われるんですけど、私はまあどっちかというとせっかちというか、あんまりそれ言ってたらもうもうみんな隠退しちゃうよって。今のところたとえば東京聖書学院の場合、ホーリネス教団で教師会のメンバー揃えるっていうことが一つはあるわけですよ。一つの気持ちとしてはね。ただし今も、実際にはいろいろな教団の先生方に講師として加わっていただいて助けていただいているし、これからますますそうなっていかないといけないと思うと、やっぱり、みんな一緒に夢を語りませんか。個人的には、東京聖書学院という名前が残らなくてもいいし、東村山に学校がなくてもいい。院長が他の教団の方でも全然構わない。だからみんながそれぞれ協力して何かができたらそれでいいじゃんって、それができたらそれこそホーリネスですよね。

大頭　そうですね。今がチャンスかもしれません。そろそろ立ち行かなくなってるから。

錦織　そうそう、そうなんです。いろんなことでやっぱり、たとえば名前をどうしても残したいって言ったら、それこそ入学式と卒業式、まあ卒業する前にそれぞれの教団で独自の自分のところの歴史をやるとか、あとはクラスの中でそういうコマを取らなきゃいけないとかっていう設定をする。協力できるところはみんな同じクラスに出たらみたいなところはありますよね。結局いろんな人たちと接してということが幅を広げるじゃないですか。

大頭　そうですね。まさにそうだと思います。日本イエスにも言っときます。最後に今後大頭眞一に期待することを聞くことになってます。すいません。

錦織　本当に先生よろしくお願いします。『聖化の再発見』も、本当にすばらしい本を作ってくださったと思いますし、それから本当に大頭先生がいろんなところで良い働きをしてくださってるのを見てますので、きよめ派、きよめ神学ということについてもそうだし、それから神学校の協力とか合同ということもそうだし、結局なんだかんだ言って、最初の一歩っていうのは信頼関係を築き上げるところじゃないですか。いろんなところでそうやって顔を広げながら、でも本当にそんな中で聖化という事柄に関して、この本をも通して、オピニオンリーダーの一人として良い働きを積み上げていただければと思っています。

3 書評篇

【再録：本のひろばへ2023年2月号『聖化の再発見　上・下』】

自己理解と相互理解のために

東京聖書学校　教授　原田彰久

『新改訳』……が礼拝用として協会訳［口語訳］に代わり得るかどうか、疑問である。それは訳文の優劣というよりも、『新改訳』が特定の教派［ファンダメンタリストの人々ときく］による翻訳であるというところに問題があるのではなかろうか」（永嶋大典、『英訳聖書の歴史』、研究社出版、一九八八年、一七四頁）。評者は主流派にあって福音派（あえて言えば、ファンダメンタリスト）の立場であるが、こうした評価は、今も変わらないであろうか。本書は、そのようなキリスト教界に自己理解と相互理解に資するものとして、一石を投じる重要な出版である。

①　自己理解のために

まず本書は、ホーリネス派のアイデンティティを明らかにしている。執筆者たちの属する神学校は、日本ナザレン教団と同じ、十九世紀の北米ホーリネス運動の流れにある。しかし、イギリスにあることで、北米とは異なる特色を持つ。

本書出版のきっかけは。監訳者の大頭眞一が抱いた「違和感」（上巻、二七三頁）であった。その原因は、北米のホーリネス運動とその理解の上に日本の「きよめ派」が形成されてきたからである。本書は「ホーリネス」についての、主として聖書学に基づく考察である。その点では、立場を越えた視点を提供していると言えよう。上巻は旧約から、下巻は新約から検討しているが、上巻には、短いながらもギリシア教父の聖化理解も取り上げている（第二〇章）。特に、第一章「聖化の再発見の必要性」と第二章「スタートポイントはどこに」は繰り返し読みたい。

② 相互理解のために

次に、他の信仰伝統から、いわゆる「きよめ派」を理解する上で有益である。「解説」で、旧約聖書学が専門の鎌野直人（関西聖書神学校）が「北米『きよめ派』……で展開されている議論があまりにも稚拙であったことを思い出す。本書で……はるかに学問的にも耐えうるものであることを、たいへん嬉しく思っている」（下巻、二九三頁）と述べている。

また神学校の講座で「きよめ派出身の学生たちは、内輪のことばを使わずに教義を明確にすること、……聖化への呼びかけに惹かれている人々の洞察を取り入れることが求められた」（上巻、八頁）とある。こうした内容をふまえ、自己や相互、特に日本の読者に対して、これまでの「ホーリネス」理解を生みだした歴史、その概略図を示す丁寧さが求められるのではないか。

③　今後の課題

最後に、上巻の第九章に「私たちは『ベウラの地に住まう』……の讃美歌をよく歌った」とある（九五頁）。なぜ「ベウラの地」について歌うのか（聖歌六〇〇番）、他の伝統はもとより、私たち自身もあまり知らないのではないか。「ベウラの地」はイザヤ書六十二章四節にある。だが元来は、ジョン・バニヤンの『天路歴程』で天国の門の手前にある「ベウラの地」（地上の到達地）を指している。十九世紀北米ホーリネス運動は、救いを旅（天路歴程、出エジプト）として理解し、「ホーリネス」の体験を地上の目標としたからこそ「ベウラの地に住まう」と歌う。

こうして、分かっているつもりのことを再確認しつつ、新たな地平を開くために、本書は大変有益である。主流派で「聖化」に惹かれている人があろうことを期待して。

『聖化の再発見』上下巻全体の書評

日本ナザレン教団 大阪桃谷教会牧師　久保木 聡（執筆当時 鹿児島教会牧師）

本書は、英国きよめ派の季刊誌 The Flame Magazine（2000年～2006年）に英国マンチェスターのナザレン神学校の教授たちが執筆した論考集である。約20年前に書かれた聖化についての論考集が今本当に必要か、といぶかる人もいるかもしれない。本書の特徴のひとつは聖化に対して正直に向き合っている点である。たとえば、こんな記述がある。

・「全き聖めにあずかった」と主張する年配のクリスチャンたちが教会の中でお互いに仲良くできない。

・ホーリネスのメッセージは律法主義的で、若い人たちは魅力を感じない。

・ホーリネスのメッセージは時代遅れの神学用語を用いるので理解できない。（上巻、19頁）

なんと正直で、赤裸々な指摘だろうか。本書は聖化の問題について綺麗ごとで語ろうとしない。真摯にその問題点を見つめつつ、聖書から聖化を捉え直そうとしている。

教会の中からは、聖書を素朴に読み、祈り求めさえすれば、聖化を体験できるのだから、捉え直しなど必要ない、という声も出てくるかもしれない。それに対し、本書は「福音は変わらないが、文化は変わる、そして、どの世代のクリスチャンも、同時代の人々に対し、その文化にふさわしい方法で語らなければならない。」（上巻、23頁）と語る。

西洋の聖画を見ればわかるように、聖書の登場人物の多くは中東に生きるセム系のユダヤ人であるのだが、ヨーロッパ人かのように描かれてしまう。それは人は無意識に自分を取り巻く文化や価値観で聖書を読み込みやすいことを意味する。なぜ、神学や聖書学を学ぶかというと、そうした無意識に自分の周囲の価値観や文化で聖書を読み込んでしまうことから自由になるためである。良くも悪くもわたしたちは時代の子である。聖書学や神学を学ばなければ、今の時代の見方で聖書を読んでしまう。また、伝え聞いた〝きよめ〟の教理も時代の産物の部分を含んでいるものなのに、神学や聖書学の研鑽がないままでは、そのような伝統を批判しつつ継承することは難しくなる。

本書の特徴は、約20年前の文章ではあるが、当時の聖書学に基づいて、創世記、出エジプト記、レビ記、民数記、申命記……と各書から聖化を解き明かしていく点にある。我が伯父である久保木勁（日本ナザレン教団 札幌教会前牧師）が「A・B・シンプソンが『聖書の中のキリスト』として66巻のキリストを伝えたように、聖書66巻の中の聖化がある」と語っていたが、それぞれの書の特色を踏まえた多様な聖化が本書では述べられる。残念ながら雑誌連載の都合だろうが、士師記、ルツ記、サムエル記、列王記、ヨハネの黙示録など執筆されていない書もある。その意味では網羅的ではない。しかし、各書のジャンルを踏まえた適切な聖書学的な読みに基づいて聖化が語られている。しかも先に書いたように、これまで伝統として引き継がれてきた聖化の教理を建設的に批判し、乗り越えようとしている。

たとえば、レビ記にまつわる章にはこんな記述がある。

律法は網羅的なものではなく代表的なものである。私たちは、これらの個別の事例から神の啓示の原則を見つけ出す必要がある。一つひとつの既定は、それをもとにして類推するための例にすぎないのだ。(上巻、71頁)

キリスト者の間で、ある事柄について罪か否かについて、聖書に書いているかどうかで論争になることがある。21世紀になれば執筆当時に存在していないものは数多くあるのだから、聖書に書かれていないことはいっぱいある。だからこそ、律法は網羅的ではなく代表的なものであり、神の啓示の原則を見つけ出す必要があると述べる。

かつて、きよめ派ではダンスが罪とされていた。理由は、当時ダンスを踊る場所では性的な乱れが起こりやすかったからと言われる。聖書そのものではミリアムもダビデもダンスする。また現代の日本では学校の体育の授業にダンスが入っているわけで、ダンスが行われるところは性的に乱れやすい、とは言い難い。聖書は何と言っているか、それとともにあるダンスの禁止などの罪理解が生まれた背景と現代ではどういう変化が起こっているかを見極める必要がある。聖書は場合によって現代社会の諸問題に逐一は教えてくれない。だからこそ律法なら律法を通して啓示の原則を見つけ出し、ダンスも含め何が神の御心であるのかを見出だす必要がある。

聖化の教理とは、ある意味、一度できあがった教理体系と言える。本書の特徴は改めてそのできあがった教理体系で良いのか、問い直しを求める。その意味でもまさに本書は「聖化の再発見」である。「第二の転機」として教えられるものが、使徒の働き（使徒言行録）の通りなのかも問い直すし、はたまた、原罪の教理についても、アウグスティヌスが読んでいたラテン語訳のローマ5章の翻訳が不適切な部分を持ちつつもそこから原罪の教理が形成されたことを述べる。先日、この件について、ナザレンの先輩牧師と話をした際に、「誤訳だろうと、ナザレンの教理に原罪が載っているんだから原罪の教理は大切だ」という発言があった。確かに教派の伝統としての教理を安易に変更してよいとも思わない。しかし、誤解を招きやすい訳から生み出された教理をそのまま鵜呑みにしてよいのだろうか。そうではなく、丁寧に聖書に向き合い、現在も含め、聖化の教理を再定義しようと本書は招いている。

それ以外にも「完全」についての定義、献身へのチャレンジなど、本書は聖化を再定義し、再発見させてくれる。伝え聞いた教理を大切にしつつも鵜呑みにせず、聖書から再検証することへと本書は招く。その意味で、聖化にまつわる教派の人たちにはぜひ読んでもらいたいと願う。

しかし残念なことは、ナザレンの綴りは nazarene であるのに、nazaren と記載されている箇所が少なくとも2か所あったりで、英国ナザレン神学校の著作物の翻訳であるにもかかわらず、ナザレンへの配慮に欠けた点がいくつかあることが残念でならない。

そうは言っても、赤裸々に聖化の問題を披瀝しては聖書に丁寧向き合って聖化の教理を再構成しようとしている、という意味では非常に良くできた本であるので、早く初版は売り切れになってもらい、第二版には訂正されることを願っている。

『聖化の再発見・上　旧約』の感想（第1章〜第25章）

第1章　聖化の再発見の必要性（ゴードン・トマス）　トマス氏の聖化に対してのあこがれと戸惑い、葛藤がつづられる。それは彼だけのことじゃなく、彼の同世代、また自分たちの子の世代にも及んでいることを正直に語る。トマス氏は聖化を再発見するために5つの道しるべを伝えるが、それは単なる原点回帰ではない。聖書に立ち返りつつ、伝統を吟味しようとする。体験を教義の基準にすることは危険であることを告げ、霊性神学にも注目する。福音は変わらないが文化は変わると明言する。ここが重要だと思う。聖化を単に懐古趣味にとどまらせようとしない意気込みを感じる。執筆時には70年ほど昔のチャドウィックの文章「新しい時代のためには新しい教義が必要であっただろう」を引用して本章は終わる。つまり伝統とは単に保存するだけでなく、継承しつつ新しく生み出していくものであるのだ。非常に意欲的な幕開けとなる第1章だと思った。

第2章　スタートポイントはどこに（ケント・ブロワー）　「罪の問題を説明することによって、聖化を理解するというアプローチは、きよめ派では好まれてきた。……しかし、聖書は人間の罪深さや堕落から始めてはいない。神の良い創造から始める。」（29－30頁）とブロワー氏は語る。それとともに「聖化を神学的に再発見する際には、キリストご自身が基準である。」（35頁）と語る。聖化について、罪をスタートポイントとすることで、人間中心的になりやすい問題を指摘し、そうではなく、神の創造とキリストに焦点を当てる大切さを語る。あくまで聖化は神から始まる業であること、そのことを徹頭徹尾伝えることに、すがすがしさを感じた。

第3章　創世記に聖性を見出す（1～11章）（ゴードン・トマス）　トマス氏は創世記1章と2章に描かれる2つの創造物語から、神の似姿について本質的かつ逆説的な真理を描く。つまり似姿として完成しているという第1章、完成した似姿になる可能性をもって創造され、似姿は目指すものとしている第2章、それぞれが私たち人間の堕落前の姿であると描写する。どちらかでなく両方が真理なのだ。それを見誤り、どちらかにしたときに豊かな人間性を見失うことをトマス氏は語る。一見、ナザレン教会の源流となる19世紀ホーリネス運動を賞賛するかのような文章を書きながら、「なんだ、これは強烈な皮肉じゃないか!」という書き方でトマス氏は批判する。この人間性、罪に関して浅薄な理解のままでとらえるとき、聖化は色あせて、今の時代になにも伝わらないものになってしまう。そう思うのだ。

第4章　創世記に聖性を見出す（12～50章）（ドワイト・スワンソン）　創世記12～50章と銘打っているものの、焦点はアブラハムに集中する。もちろん、それはそれで12～50章を網羅するものでもあるのだろうが……。失敗するアブラハムにどのような模範を見出すのか。アブラハムに全き人になれと伝える神は、どのような完全さを求めたのか、タミームという単語の意味とともに、ノアやエノクの姿から鮮やかに伝えている。キリスト者の完全とは何であるのか？　創世記から再定義がなされている。非常に面白さを感じた。このキリスト者の完全さを伝える上で描かれた「誠実（integrity）、忠実（faithful）、そして正義（justice）」とは具体的にどう生きるものであるか、本章ではそこまで述べられてはいない。ただし、その辺は上下巻を通して豊かに展開されていく。それが本書の魅力である。

第5章　出エジプト記の「聖なる国民」（ゴードン・トマス）　本章の中心は「その場所が聖であるか否かは、聖なる神がそこにいる人々のただ中におられるか否かによって決まる」（63頁）ということであろう。本章のタイトルである「聖なる国民」も永久に聖であるわけでなく、あぐらをかくなら、その聖性は損なわれることが起こり得るのだ。興味深かったのは、出エジプト記の中心を過ぎ越しでもなく、十戒授与でもなく、19章の「祭司としての王国」が「聖なる国民」である点として本章が描き、それをアブラハムに対する「地のすべての部族が祝福される」ことの展開している点である。この辺はN・T・ライトやクリス・ライトらの影響なのだと思うのだが、日本で具体的に語られ始めて間もないように思うゆえに、本書の原著が20年ほど前であることに驚いている。

本章でトマスは聖さを放射能にたとえて語る。イギリス人は納得するのだろうが、被爆国である日本にはとてもきつい表現だと思った。

第6章　レビ記の「わたしが聖であるように」（ドワイト・スワンソン）　レビ記、また律法の読み方として「律法は網羅的なものではなく代表的なものである。……一つひとつの規定は、それをもとにして類推するための例にすぎない」（71頁）と書いていたのが印象的だった。つまり、律法を一字一句守ればいい、というよりも、そもそもどういう精神性で律法が書かれたかを大事にし、その精神性に基づいて、律法に書いてない事象についても向き合っていくことになる。21世紀の日本において聖さに生きることも、そういう類推に基づくことになる。

「聖さというものは、私たちの心を躍らせ、解き放つようなものであるはずだ。……聖であることへの焼けつくような願いが、私の行い、態度、私が所有しているもの、すべてを見つめ直すようにとわたしを駆り立てる」（75頁）という表現にはとても驚かされた。まさに聖化を大切にするナザレン教団におけるド直球な聖さへの理解・意欲であるが、このド直球にトンとお目にかからないからだ。もちろん、聖さを求める姿勢が安直で字義的な律法理解に基づくのであれば律法主義に堕してしまう。21世紀にどうレビ記を読むか、とても大きなチャレンジを与える内容だと思った。

第7章　民数記の清潔・禁酒・リーダーシップ（ゴードン・トマス）　本章では聖い生き方に関連する三つの指針として①清潔と几帳面が大事なこと、②単なる禁酒というよりも、必要なときには「楽しんでよいものを自発的かつ一時的に自分から制限する」（81頁）姿勢が大切なこと、③リーダーの決断次第で聖なる者であるかどうか決まることが述べられる。①は実用的、②は硬直的でない律法理解が述べられる。③は厳しい。「それならリーダーは辞退します」と言うしかない。軽い絶望感を味わっている。（この絶望の答えは8章に続くようだ）

第8章　申命記の「心を尽くして愛する」誓い（ゴードン・トマス）　申命記を読んでいく上で、心を尽くして主なる神を愛することを大切にするように語る。そしてキーポイントとして「神の最初の目的は、イスラエルをくじいて自給自足を不可能だと認めさせ、その後で彼らの必要を満たすことだった」（91頁）と書いてある。前章で絶望したことはどうも正解だったらしい。絶望後に神は必要を満たすのだ。「聖い生活とは、たびたび試みられることによって、聖なる人格が形作られていく生涯である」（92頁）という文章には「なるほど、まさにそうだ」と深くうなずかされた。本章の最後には「私たちも今、神への誓いを更新し、神への全き献身を再度確認したいと思う」とあるが、トマス氏ってガチでナザレンの人間だなぁと。ナザレンの教理的キーワードである「全き献身」をガツンと入れてくる。それも借りてきた言葉じゃなくてガチンコで。熱いよ、トマス！

第9章　ヨシュア記のホーリネスコード（マシュー・フランス）　本章では、リーダーシップについてと、「聖絶」という造語で新改訳聖書では訳される「ヘーレム」について取り扱っている。「古代の世界は私たちの世界とはかなり異なっている。そして神は、後期青銅器時代に合わせた方法で行動している」（101頁）と語る。神は時代によって行動の仕方が変わるというのは、ある人には納得であり、ある人には衝撃かもしれない。ヨシュア記をどう読み直すのか、そこにどう神の聖性を見出すのか、ヒントがちりばめられた章だと思った。

第10章　歴代誌の「もしわたしの民がへりくだるなら」（ドワイト・スワンソン）　タイトルには歴代誌とあるが、ヨシュア記から列王記までのまとめを描きつつ、それと比較しながら歴代誌が（エズラ記、ネヘミヤ記も包含しつつ）何を言わんとしているかを告げている。タイトルだけを見ると、ヨシュア記からいきなり歴代誌に飛んだ感じがするが、本文を読めば、きちんとつないでいることはわかる。旧約の歴史書の理解をざっくりと整理しつつ、そこで述べられる聖性とは何か？の概要を理解するにはよくできた章だと思った。

第11章　ヨブ記の「完全で正しい」（ドワイト・スワンソン）　ヨブ記に描かれる「完全」とは何か？がいろんな角度から描かれる。聖書学的な理解としては面白いが、これが、ウェスレーや19世紀のホーリネス運動などで語られてきた「キリスト者の完全」とどのような相違があるかまで描いてもらえるとさらに良かったかなぁと思うのは、求めすぎか？　ここで改めて第4章で描かれたアブラハムにおける「完全」を読み直してみた。「完全とは何か？」が複眼的に見えて、面白さ、豊かさを感じている。

第12章　詩篇の「聖なる神」（ドワイト・スワンソン）　先日、ナザレン全国教会学校教師会をズームで行った際に、詩篇からどう説教をすればいいか、難しいとの複数の声が出た。本章は詩編をどのように読めばいいのか、また説教を作るための知恵も描かれていると思う。またきよめ派の中で「疑いや怒りの感情を抱いた」際の受け止め方にも適切な示唆が与えられていると思うし、詩篇をますます豊かに読み、そこに描かれる聖性を見ていくヒントがあふれているように思う。

第13章　知恵文学の実践的ホーリネス（ゴードン・トマス）　「知恵の伝統は、律法の戒めや預言者の託宣のような、神からの直接の啓示の産物ではない」（142頁）や「これは神の言葉ではなく、人間の一般論なのである」（145頁）には、神の言葉としての聖書として、つまずきを覚える人もあるだろう。しかしその中であえて知恵文学を神の言葉として読むとはどういうことか、探っていけるかと思う。「聖書全体に流れる知恵の思想は、苦しみというものを、人格を聖化する（sanctify）可能性を持つものとして描いている」（149頁）は金言だと思う。

第14章　イザヤ書の「聖なる方」（ドワイト・スワンソン）　第14章はイザヤ書の1～39章を、第15章で同書の40～66章を扱っている。聖なる神は怒る。①不正義に対して、②偶像礼拝に対して、③おごりと高ぶりに対して。信仰者は聖性を求めていく必要があるのだが、聖性への探求は縮こまる集団となることではないことを告げる。「きよめと贖いははっきりと宣教を目指したものである」（162頁）と語る。本章の最後の言葉である「聖化とは、個人的な体験でもなければ、敬虔な生き方でもない。むしろ、正義に生きる人生への召命なのだ。召された人々は天のビジョンを分かち合って生きる」（164頁）という言葉には大変感動した。神学エッセイではなく、きよめと派遣の説教として力強く響いてきた。

第15章　イザヤ書の「聖なる道」（ドワイト・スワンソン）　「新しい出エジプト」とも呼ばれるバビロン捕囚からの帰還の意味で「贖い」が語られる。それはまた「荒れ野と砂漠は喜び、荒れ地は喜び躍り」という新しい創造でもある。贖われた者は新しく創造され、聖なる道を歩む。「イザヤは、神の民の生き方を旅として描いている。その旅は、主のしもべとして、聖なる民がすべての民に義と正義と贖いの良き知らせを伝える旅である」（173頁）。ある意味、前章の反復とも言えるのだが、ホーリネスとは縮こまることではなく宣教的なのだ。贖われた者が新しい創造を生きる道であり、旅である。きよめと宣教への招きとしての熱量を感じた。

第16章　前8世紀の預言者たちの聖化（ゴードン・トマス）　聖の構成要素をミカ書6章8節から描く。①正義を行うこと。②誠実を愛すること。③へりくだって神と共に歩むこと。この3つは第14章で見た①〜③と重なるものも感じる。②は微妙に違うとも言えるが、神を誠実に愛することは偶像礼拝を避けることとも言える。②〜③は多くの教会で大切しようとしてきたかもしれないが、①が示す社会的な不正義、弱者が軽んじられることに、どれだけ教会が取り組んできたか、キリスト者が取り組んできたか、さらに言うなら、わたし自身が取り組んできたかが問われる。聖性を生きるとは、敬虔なキリスト者であるだけでなく、社会的な不正義に向き合うことが多分に含まれることなのだと、本書は繰り返し語り掛けてくる。

第17章　捕囚後の預言者たちの聖さ（ゴードン・トマス）　う〜ん、圧巻！捕囚後の預言者を聖化の視点で描きつつも、それにとどまらずに、続いて、創世記から黙示録までの一貫した全体像を聖化の視点で俯瞰する。そして、最後は読者に、今ここで聖化に生きるようにチャレンジする。189頁5行目の「きよめ聖化」というのはたぶん誤字。というか、どちらかの語を選択しようとしたら、どっちも残っちゃったんでしょう。

第18章　旧約聖書の証言(1) 吹き荒れる力強い風としての聖霊（ドワイト・スワンソン）　第3章の創世記から第17章の捕囚後の預言者に至るまで、旧約各書を順に追ってきた本書だが、第18〜

19章は、旧約聖書全体を踏まえて聖霊を描写する。本章では風として描かれる聖霊の焦点を当てている。ノアの時代の人類に対しての聖霊とは何であったか?そしてモーセの時代、士師の時代、イザヤの描く「主のしもべ」における贖い、解放をもたらす聖霊を描きつつ、イエス・キリストを指さす。この聖霊が与えられても、与えられるきっかけの出来事が終わると聖霊は去っていくという旧約的な情景が描写される。その意味で聖霊は風であり、人間のものにできない。そうなのだ。聖霊体験をしても、聖霊は自分のものにできるはずがない。聖霊を自分の自己都合に閉じ込めようとしてはいないだろうか?その気づきを改めて与えられた。

第19章　旧約聖書の証言 (2) 注ぎ出される聖霊（ドワイト・スワンソン）　前章に続いて旧約が証言する聖霊が描かれるが、本章では「注ぐ」という動詞で描かれる聖霊についてである。「その後、わたしはすべての人にわたしの霊を注ぐ。」とヨエル書2章に書いているものについて、著者は「これは神の民だけのことだろうか。多くの注解書はそのように記す。しかし、旧約聖書の他の部分では、このことばは全世界に対して使われており、ときには動物も含まれている。ヨエルの幻は、彼自身が見て理解したことよりも大きい。ここには、本当の意味で「すべての人」に神が御霊を注がれるという約束の萌芽がある。」（211頁）の言葉はとても刺激的だ。（評者の拡大解釈かもしれないが、著者がにおわせているのはこういうことだろうと言う意味で書くが）あらゆる人間や動物も含め全世界に聖霊が注がれ、贖われるという壮大なイメージを本章は語る。それは、特別な信仰者にしか聖霊は注がれないと信じるキリスト者にとっては、著者をステファノのように石打ちにしたくなるかもしれない。著者の語る救いと聖化のイメージのスケールの大きさにたまげた。

第20章　古代教父の聖化（デイビッド・レイニー）　第20〜21章は、古代教父とアウグスティヌスが扱われている、と言う意味で、聖化の教理史とも言えるパートだ。4人の古代教父がどのような聖化理解をし、神学的発展をしたかが描かれる。とはいえ、もっとマニアックに神学的に書くこともできただろうし、もしくは神学用語をもっと削って平易に書くこともできたんじゃないかなと。その神学的な深まりも、どういう時代にどういう困難に向き合いながら深まってきたかが描かれないまま、用語が並んでいるのに、どっちつかずな印象がしている。まぁ、文句を書くのは簡単なんですけどね。

第21章　アウグスティヌスと原罪（ハーバード・マゴニガル）　第20章の古代教父に続いて、教会史からの神学エッセイが続く。アウグスティヌスによる原罪の教理をコンパクトにまとめている。また彼の前期と後期でどのようにその理解が変化したかも知ることができる。。詩編51編5節が原罪の教理を語るうえで下支えになっているのだが、その解釈が適切かを問いかけつつ、本書12章「詩篇の『聖なる神』」での描写を指し示す。つまり詩編51編5節は教理形成をするうえでの信仰的事実ではなく、文学的・誌的な表現ではないかと批判する。ルター派やカルヴァン主義と違い、アウグスティヌスの影響が弱いきよめ派ならではの教理理解と聖化観が短くまとめられていて、大変興味深い章だと思った。

第22章　時間と空間における聖性（ドワイト・スワンソン）　22〜23章は時間と空間について扱う神学エッセイである。本章では、聖なる場所、聖なる時間はあるのか？　という問いから始まり、主に旧約に描かれる聖さとは排他的であり、聖なる場所とは差別の場所であったと批判する。「クリスチャンが集うとき、そこには以前とは異なる何かが起こっている。そこに見出されるのは和解と包摂であり、分離と排除ではない」（240頁）と語り、新約が乗り越えようと導く世界は、分離と排除といった差別的な聖ではなく、和解と包摂であると語る。聖なる民とは「むしろ躍動感にあふれ、外への働きに満ちた、絶えず成長する贖いの共同体なのである」（241頁）と告げる。教会における聖とは何か?を問い直すには非常にコンパクトにまとめられつつ、インパクトを与える章と言える。

第23章　空間と時間における聖性（マシュー・フランシス）　前章で語られた内容を受けて、別の著者が別の角度で掘り下げているのが本章である。つまり、四種類の二項対立—特殊と普遍、祭司的視点と預言者的視点、臨在と不在、〈すでに〉と〈いまだ〉から語る。前章が聖なる民である教会を語っているのに対し、本章では環境問題の視点から全被造物の贖いを語り、それを聖化の課題として黙示録21—22章を土台に語る。聖性また聖化をどのように語るか？　22章、23章はそれぞれ違う視点から語り、その広がりと豊かさを告げている。いずれにせよ、22―23章は個人的な聖化として聖化を語っていない。聖化を個人的な体験としてしかとらえていない人にはとてもチャレンジングな章と言える。

第24章　ルドルフ・オットーの「聖なるもの」（デイビッド・レイニー）　ルドルフ・オットー著『聖なるもの』という古典には何が書かれているのか？　その概要が述べられ、その内容についての評価がなされている。オットーのイエス理解を批判し、キリスト中心の聖化論の重要性が語られる。オットーの神学に対し「教会が築いてきた神論をおろそかに扱い、文化に迎合」しているとの批判で終わる。オットーの神学をわざわざ取り上げてボコボコする必要があったのか、ちょいと疑問が残った。

第25章　聖化と福音書（ドワイト・スワンソン）　第14章、第15章でドワイト・スワンソンが書いたイザヤ書の聖化／聖なる道がどう福音書（とりわけルカ）で展開されているかが述べられる。イザヤ書からルカ福音書において一貫する「貧しい者への福音」に焦点を当てる。こうなると、ナザレン教団の創設者でホームレス支援をしたフィニアス・ブリジーの話が向かうわけだが、本書ではbreseeをブレシーと書いてて、ずっこけた。しかも三度もブレシーと書いていた（268頁）のでわたしの心は擦りむけた。もしかしたらわたしの勘違いでbreseeの発音の再発見かも……とYouTubeでbreseeを紹介してる英語の動画を数本見てその発音を確認したが、ブレシーではなく、ブリジーだった。日本イエス・キリスト教団の人にわたしが「小島伊助」を「コジマ・イスケ」と呼んだら、アンジャッシュ児嶋のように「オジマだよ！」と突っ込んでくれるだろう、きっと。わたしも「ブレシー」と呼ぶ人に対して「ブリジーだよ！」と突っ込みたい！　本書が描く聖化に対し、社会的聖化の色彩が強いというご意見を伺ったことがあったが、そもそもナザレンの聖化においてそういう傾向が強いのは創設者のブリジーの影響もあるのだと思う。「福音を貧しい人々や苦しんでいる人々に伝えることの奇跡、つまり、「社会の犠牲者」から「神の国の市民」へといのちが変革されることの奇跡こそが、「聖なる道」に他ならない。」（270頁）という表現は実にナザレン的な聖化を指さしているように思う。とても自教団のアイデンティティを確認させられる思いとなった。ちなみに聖歌528「いまだ見ぬ地」の末尾には、ブリジーの名前が出ている。

『聖化の再発見・下　新約』の感想（第1章〜第26章）

第1章　ホーリネスと新しい契約（ゴードン・トマス）　上巻で旧約を語ってきたゴードン・トマスから旧約の視点から新しい契約を語り、新約へとつなげていく章である。古い契約を古代中近東における「宗主国条約／属国条約」と呼ばれるものと共通する特徴を持つことを描く。

「神には、民が約束の地に帰還した後も古い契約を継続し、それまでと同じ罰則を与え続けるという選択肢と、新しい契約を考案するという二つの選択肢があった。神は後者を選び……」（9頁）とあり、「律法を、納税や制限速度に関する法律のようなものにするのではなく（中略）新しい契約の下で神の民は、愛したいから神を愛し、互いに愛するようになる。それは、愛さなければならないからではない。」（10頁）と語る。わたしが伝えているNVC（非暴力コミュニケーション）でいうなら強要からリクエストに変わったとも言えるだろう。ホーリネスを生きるとは強要されたものではなく、神の恵みに促されての主体的・自発的なものであることを味わい知ることができた。

第2章　マタイ福音書「山上の説教」における聖化（ケント・ブロワー）　高い倫理性があり、実行可能かも問われることもある山上の説教をいかに読むのか。二つの極端な読み方——律法主義と完全主義——ではない読み方を簡潔に語ろうとしている。またすべての人に向けて教えでなく、弟子たちに向けて、つまり新しい契約の共同体に向けて語っている。「聖書的な意味での「完全」とは、失敗する可能性のない、完璧なふるまいという静的なものではない。むしろ、従順と心からの信頼に基づいた、聖なる神との正しい関係という動的なものなのだ。」（24頁）の描写は未だと既にの終末的な緊張関係の中で、聖書のいう「完全」を適切にまとめた文章だと言える。また上巻でゴードン・トマスが「完全」を「誠実」という言葉で語ろうするのとは違う語り方であることも興味深い。本書はひとつの答えを出す本ではない。多様な執筆者の描き方から多様な視点を得、立体的に見ることができるのが魅力なのだと思う。

第3章　マルコ福音書「弟子となること」と「十字架への道」（ケント・ブロワー）　マルコ福音書の総論的な内容であり、かつそれを聖化と言う視点で語ると言う意味で、画期的な内容とも言える。「マルコによる聖化の神学は、「弟子となる旅」を中心に建て上げられている。」（35頁）と語られる。ナザレン教団は聖化を大切にする教団であるが、今、標ぼうしているのは、すべての国でキリストに倣う弟子を作ることである。すべてを捨ててイエスについていく弟子として十字架への道へ向かうこと。それは聖化の道なのだ。マルコ福音書が何を語ろうとしているか、知っていけると共にナザレン教団がどういうアイデンティティをもつ教団であるのかも非常に簡潔に深く書いていると思わされた。

第4章　ルカ福音書「イエスと聖霊」（ケント・ブロワー）　本章では人間としてのイエスの焦点を当て、この人間イエスが聖霊に満たされて何をしたのかを語る。この語りは、使徒の働きへと展開する。つまり、人間であるキリストの弟子たちが聖霊に満たされて何をなすことができるのか。それを三位一体的に語る。それはそのとおりなのだが、主イエスが聖霊に満たされて歩んだようには、イエスの弟子たちは聖霊に満たされてそうそう歩めない現実や葛藤には答えていない。うーん、本章は大切な内容だけど、現実を考えると頭を抱える自分もいなくはない。

第5章　ヨハネ福音書１「わたしは彼らの中にあり、あなたはわたしの中にいる」（ケント・ブロワー）「父、子、聖霊の関係をダンスにたとえる神学者もいる」（49頁）とあるが、そういえば、大頭眞一氏は神学校で三位一体ダンスを教えている…という話を本人から聴いたことがある（詳しくは本書まえがきを参照のこと）。「三位一体において重要な概念は、関係である。」（51頁）「神の関係は静的（static）なものであると受け止められてしれない。しかしそれではヨハネの意図から遠ざかってしまう。イエスと論敵との議論の場面で見たとおり、御父と御子との間には動的（dynamic）な関係があった」（53頁）至極全うであり、大切な表記だと思う。三位一体を「水蒸気／水／氷」だったり、光の三原色の「赤／緑／青」みたいに説明しているものを昔読んだ記憶があるが、それでは3つが1つの表現はできても、関係概念としての説明は破綻している。三位一体とは人格的（神なんだから神格的と言いたいが意味がちと変わる気がする）なダイナミックな関係性なのだ。「ヨハネ17章は、まさにこのようなダンスに参加するよう読者を招いている。この永遠の愛のダンスに加わり、三位一体の神の聖なる愛に包まれ、世界で最も親密なる関係のうちに入るようにと、私たちは招かれているのだ。」（59頁）三位一体をダイナミックな関係性として語り、かつそれは信仰者も招かれている。その意味で、聖化とは共同体的なのだ。ふと思うが旧約聖書を見ると信者は踊っていたようだが、新約時代になると踊ってないように思えるし、現代の教会はほぼ踊らない。日本の祭りのほうが踊っている。自慢じゃないがわたしも踊りは苦手だ。

でも、共に踊るダンスは信仰共同体において忘れられた大切な何か、のようにも思えている。

第6章　ヨハネ福音書２「真理によって彼らを聖別してください」（ケント・ブロワー）　「聖化について考えるとき、すぐにキリスト者の一致を思い浮かべる、という人はほとんどいないだろう。しかしヨハネは、そこにつながりを見出している。それゆえ、イエスは弟子たちが一つになるように祈られたのだ。」（62頁）この辺の表記がブロワーらしい。個人的聖化を超え、信仰共同体の一致を聖化に見ようとしている。「ヨハネによれば、弟子たちは、御子による聖化によって聖なるものとされる（sanctified by the sanctifing of the Son）。」（65頁）とあるが、「御子イエスが聖化される」という非常に興味深い表現がなされている。罪深くない御子イエスが聖化されるとはおかしな表現という指摘もあるだろう。神に遣わされた者として世にあって聖を生き、十字架と復活に向かう……そのことを聖化と呼んでいると思われる。その御子の聖化によって弟子たちは聖なるものとされる、という。別の言い方をするなら主イエスが歩まれたように歩む、という言い方もできるし、その中で神の介入があり、弟子たちも聖とされる、というふうにとらえることができるのではないかと思う。聖化を考える際に、キリスト抜きには考えられない。必死な祈りや献身だけで聖とはされないのだから。「信仰者は、神の宣教に加わるために聖化されるのだ。」（65–66頁）「弟子の聖化には三つの目的があるということができる。彼らが、初めから意図されていた神との関係に参加できるようにすること、愛のうちに一つになれるようにすること（17・

23)、そして世にあって和解の仲介者として行動できるようにすること（17・21を参照）、である。イエスに従う者は、神のご性質を映し出しながら生きていくべきである。そしてその神のご性質とは、お互いに対する愛の献身によって表現される。しかしそこで止まるわけにはいかない。私たちのゴールは、うちにとどまる愛ではなく、宣教にほかならないからだ。」（69頁）という表現は大変興味深い。聖化と宣教は切り離せない。宣教熱心だから聖化は軽んじられる、とか、聖化を追い求めるから宣教は軽んじられる、とか、そういうものではないのだ。

第7章　イエスの譬えに見る「恵みと聖化の神」（ケント・ブロワー）　譬え全般を扱っているのではなく、ルカ15章の3つの譬えに焦点を合わせている章。「物語のポイントは、たった一人の救済であっても、その一人のために神は喜んで祝宴を開くようなお方だということだ。そしてここで特筆すべきは、どちらの物語においても、その祝宴には見つかった羊や銀貨の価値をはるかに上回る費用がかけられているという点である」（75―76頁）とあるが、実際に費用が上回ったか否かは聖書本文には書いていない。しかし文脈から考えると、羊や銀貨の価値をはるかに上回る費用がかけられていてもおかしくはない。神の途方もなく大きな愛が響いてくる。「聖化は、聖めの規律を守る「振る舞い」ではなく、聖なるお方との「関係」に中心がある。聖化は、外に広く目を向け、私たちを包み込むようなものだ。閉鎖的で、排他的なものではない。私たちにとって、これは、「きよさを守るために引きこもり、この世から隔絶された状態で生きるときではなく、イエスとともに、失われた人々を捜し求める使命に生きるときなのである」(79頁)とあるが、改めてブロワーは聖化を関係概念として語り、かつ閉鎖的なものではなく、宣教的に外に開かれたものとして語っている。「恵みは聖化に先行する。しかし、私たちは少し油断するとすぐにその順序を取り違えてしまう。悔い改め、赦されて、はじめて神に受け入れられるという順番を私たちは好む。」(80頁)とあるが、再三再四、この信仰の基本原則を崩していないか、わたしたちは問い続ける必要がある。誤植に気づいた。本章最後のブロワ「ー」の長音に誤字がある

第8章　使徒の働き　1「聖霊を注がれた宣教」の原型(ゴードン・トマス)　ここでゴードン・トマス登場。次の章の使徒の働き2では再びブロワーが執筆なので、二人の著者から複眼的に使徒の働きを見ていくことができる。これまで本書で旧約における多くの執筆をしてきたゴードン・トマスらしい視点で本章は使徒の働きを語る。つまり、「使徒の働きを正典的に読むチャレンジとして、まずは「旧約から使徒の働きへ」という流れを見る。非常に興味深い視点だ。そして同一著者である「ルカ福音書から使徒の働きへ」という流れ、そして聖書の並びとして、また聖霊論的な意味合いだろうが、「ヨハネ福音書を経て使徒の働きへ」という流れで使徒の働きを見る。こういう流れから見る視点に面白さを感じた。「終わりの日の聖霊の注ぎに関する旧約聖書の希望は二つのことを強調する。ヨエル書は聖霊の働きによる預言的な側面を強調し、エゼキ

エル書はきよめの側面を強調した。伝統的に、ペンテコステ派やカリスマ派は前者に引き寄せられ、ウェスレアン・ホーリネスの霊性は後者に引き寄せられてきた。しかし私たちは、聖書がそのような区別を意図しているか否かを問わねばならないだろう。」(85―86頁)という教派的な強調点の違いの指摘が面白いし、聖書がそのような区別を意図しているのかというトマス氏の問いかけはとても大切なものと思えている。「パウロは、暴力、石打ち、投獄、船の難破などを経験した。これは、聖霊に満ちた聖なる生涯が必ずしも勝利の人生を意味するわけではない、ということを教えてくれる。」(88―89頁)という表現も大変興味深い。この世的な成功、サクセストーリーがキリスト者の聖なる歩みと断言はできない。むしろこの世の失敗者というか、世間から不運な人、苦難の人、かわいそうな人と見られるような生涯かもしれない。しかしそこにも聖霊に満ちた聖なる生涯があり得ることを語る。これは非常に大切な視点だと思う。

第9章　使徒の働き2「第二の転機」とは何か?(ケント・ブロワー)　「最近では、ウェスレアン・ホーリネス派でもペンテコステ派でも、その自信が揺らぎ始めている。というのも、どちらの教派においても、自分たちの体験および証しにおける「第二の転機(祝福)」という伝統的理解に賛成できない信徒が増えているからだ。」(92頁)え?　ウェスレアン・ホーリネス派ばかりでなく、「ペンテコステ派お前もか?」という思いで読んだ。個人的な実感としては、20世紀の終わりくらいまで、宗教体験を無批判に喜ぶ機運が教会の中にあったように思う(牧師や一部の人に批判的な人がいたのも事実だが……)。21世紀になって、信徒や未信者も宗教体験自体に懐疑的になっているのかもしれない。というのがわたしの肌感覚と言える。本章では、使徒の働きにおける「第二の転機」と思える9つの箇所を検証し、以下の結論を出している。「ルカの物語がキリスト者の体験はかくあるべしという唯一の型を描いたものではない、ということだ。「画一的である」(uniformity)と考えるのではなく、「多様性の中に一致がある」(unity)と考えたほうが正確だろう。……これまで言われたような第二の転機の型にはまらない体験を持つキリスト者にとって、これは良き知らせと言えるだろう」(101頁)。キリスト者としての成熟は型にはまっていくことではない。むしろ多様な人間が多様な体験をし、ひとつの体として一致していくことなのだから。

第10章 ローマ書1「解決から窮状へ」(ケント・ブロワー) ここから3章に渡って、ローマ書からの聖化が扱われる。本章が一番N・T・ライトの影響が強く、残りの2章(第11章、第12章)は先に10章に書いたライトの影響はなんだったの?というくらい古色蒼然とした聖化が語られる。神の義について以下のように述べられる。「旧約聖書の正義が目指すゴールは、和解と回復である。……それは何より回復をもたらす修復的正義、契約に再び入れられること、神に敵対する者たちに立ち向かう人々が正しいと認められること、などに関わるものである。」(109頁)「パウロの主張は、ローマの正義をひっくり返すようなものであった。ローマの平和はむき出しの力の行使によって達成される。対して神の平和は、平和をつくられるお方の弱さと死によって達成される。……ローマの正義は、罪を犯した人を公平に罰し、無実の人を釈放することである。対して神の義は、ご自身から遠く離れ、失われていた被造物と和解し、関係を回復することを目的としている」(110頁)つまり、義とされるとは、単に信仰生活のスタートを指すものではない。和解と回復というゴールに向かう平和を作る旅なのだ。義認の次は聖化です、というような順序というより、神の義とは聖化をも含んでいるような豊かなイメージがある。おっ！　ここから宗教改革やウェスレアン・ホーリネスの神学的フレームを越えた、修復的正義に基づく新たなる聖化のビジョンの提示が次の章から始まるか！　と期待させられたところだが、そうは問屋が卸さない(苦笑)。

第11章　ローマ書2「罪」という人間の状態(ケント・ブロワー)　116頁で改めて原罪の教理理解への批判が入る。上巻で、ドワイト・スワンソン氏、ハーバード・マゴニカル氏が書いていたことで、ある種、英国ナザレン神学校の決意表明みたいなものを感じている。ローマ書7章の「みじめな私」とは誰なのか？　ウィリアム・グレートハウスやJ・I・パッカーの見解に触れながら、N・T・ライトの論には全く触れないのには驚いた。10章であれだけライトの引用していたのに……。

第12章　ローマ書3「義認」と「聖化」(ケント・ブロワー)　「パウロによると、「義認」とは旧約聖書における契約の関係をモデルとしており、何よりも和解と関係の回復を指すものなのだ。このゆえにパウロは、救いの祝福を要約した5章1節において、義認を平和と結び付けて語っている（テサロニケ人への手紙第一5章23節では「平和の神」が私たちを聖化してくださる、とも述べられている）。」（126頁）本章では上述の箇所のあたりだけが第10章からの神の義の描写がなされ、義認と平和との結びつき、聖化との関係について述べられるが展開はここまで。これ以降は古色蒼然とした義認論と聖化論が述べられる。第10章で語った、和解と回復、修復的正義と聖化の結びつきへと展開していかないのが残念でした。というか、これはブロワーに限らず、N・T・ライトは日本でもそこそこ読まれるようになったが、ライトの語る修復的正義を実践しようとしている……、というのはあまりに耳にしない。その意味ではブロワーも修復的正義を語りながら、聖化に生きる意味では実践的に語らないというのと似た感じなのかなぁと。私自身としては、これからのキリスト教宣教は、修復的正義の実践を通して和解や回復をもたらし、平和をリアルに作っていくことだと確信している。何を語っているかより、リアルにそこに平和があるかを未信者はちゃんと見ていると思う。そうして、この世の他のものでは得られない平和がつくられて、プレゼンテーションされていくことが宣教だと思うし、修復的正義の実践のために聖化を求めていくことのように思っている。そうした聖化と宣教の理解はこれからのキリスト教の課題なのか、それとも、わたしだけ変な方向に向かってるのか…。ブロワーの書いたローマ書についての3つの章を読みながら、苦笑いをしている。

第13章　コリント書1「聖なる者とされた方々へ」（ケント・ブロワー）　第13章～第15章はコリントへの2つの手紙がとりあげられる。第13章はタイトルにあるように、宛先となっている人々がどんな人たちであるのかが描かれ、一世紀の教会に理想を求めても幻想にすぎないことも告げている。(1)キリストの十字架の意味を把握できていない。(2)神が聖なる神であるという事実の意味を把握していない。(3)自分たちがともに新しい民となるように召されているという事実を把握できていない。(4)福音が持つ対抗文化的な力を把握できていないというコリントの読者たちの実態を語っている（139―141頁）こう読むと、そこは本当に教会なのか？　と問いたくもなるが、集まれば楽しい集いがそこにきっとあったのだろう。そこにキリスト教的なものもあったが、行き過ぎた「寛容さ」の中で、十字架の意味も、聖性の大切さも、新しい民としての召命も、対抗文化的であることも見失われてしまったのかもしれない。それはまた今日の教会でも残念ながら起こりえることなのかもしれない…と思いつつ読んだ。そんな中でブロワーの書いた2つの文章が印象的である。「パウロは変革をもたらす十字架の力を信じていた。確かに、十字架は全く対抗文化的で、スキャンダラスなまでに愚かさの象徴でもある。」（143頁）「聖い生活とは、神の民すべてにとっての規範であり、一部の選ばれた人々のためのオプションではない。」（144頁）教会に召し集められるとは、どういうことなのか、改めて深く問われる思いになっている。

第14章　コリント書2「生活への感染」（ケント・ブロワー）　神の宮、神の神殿とは新約においてなんであるのかが語られる。「あなたがた（複数形）は、自分が神の宮（単数形）であり、神の御霊が自分（複数形）のうちに住んでおられることを知らないのですか。……あなたがた（複数形）はその宮です。」（148頁）「あなたがた（複数形）は、知らないのですか。あなたがたのからだ（単数形）はあなたがたのうちにおられる、神から受けた聖霊の宮であることを」（150頁）ここまで単数形、複数形、複数形と明記されるとわかりやすい。自分（単数）個人のからだのうちに聖霊の宮があると思っているキリスト者が結構いるんじゃないかと思う。そうではなく、キリストのからだ、という一つのからだ（単数形）にわれわれは集められて、そのひとつのからだ（単数形）こそ、聖霊の住む神の宮（単数形）ということなのだ。本章のタイトルが「生活への感染」とあるように、一人の罪が、信仰共同体全体へ感染し得ることが語られる。しかしまた罪だけでなく「聖さもまた伝染する」（153頁）ことが語られる。「私たちはこの罪深い世界で宣教することができる。なぜなら私たちの中にある、そして私たちを通して働く神の聖さは、私たち神の民に襲い掛かる罪の力に優るからである。」（154頁）という文章で本章は閉じられる。罪の影響を感じやすい時代の中で、聖性を生きるチャレンジをいただいた思いがしている。

第15章　コリント書3「からだのいのち」と「霊的な賜物」（ケント・ブロワー）「聖餐においては、キリストの砕かれたからだを象徴するものとして」（158頁）というのを読んで、ブロワー氏にとって、聖餐は象徴、シンボリックな理解なんだなぁと。ナザレンってそんな理解だったけ？　少なくとも日本ナザレン神学校ではそう教わらなかったので、とても意外に感じています。習ったのはついつい象徴的にとらえがちだけれど、そうならないように……という教えでした。ただ、この論も「本来は皆の祝福の場であるはずの食事が、分裂の象徴と化していたのだ」（160頁）につながる。貧富の差で、他の家の奴隷が集って、聖餐に預かりたくても、有力者はすでに聖餐に預かり、ぶどう酒を飲みすぎている者もいるという状態を、分裂の象徴と呼んでいる。第一コリントで述べられる「御霊の賜物」については、こう述べられる。「第一に、御霊の賜物とは（キリストの）からだを建て上げていくためのもの」（162頁）「第二のポイントは、御霊によって与えられた賜物は、自分の霊性が優れていることを示すバッジや、信仰共同体の中での地位の高さを示す証拠としては用いられてはならない」（162―163頁）ということである。つまり、キリストのからだのための賜物であって、自分を誇示するための賜物ではない、ということである。ブロワーは「だから、パウロは、愛がなければ賜物は騒がしくうるさいばかりで、なんの意味もないと語っている」（164頁）と伝える。キリストのからだを形作るのは愛なのだ。聖餐の理解についていけないものを感じるが、キリストのからだを大切にしようとする姿勢には、心から同意するし、著者の熱量を大切に受け止めたいと思っている。

第16章　ガラテヤ書「肉の誘惑」への解毒剤（ケント・ブロワー）　続いてガラテヤ書であるが、ブロワーは一貫して、聖化を信仰共同体的に語る。その意味で、新鮮である。ともすると、聖化の体験、つまりガラテヤ書的に言うなら、キリストがわたしの内に生きている、ということを個人的体験として語っていたのがきよめ派の伝統だと思うのだが、そうしたものが感じられない。（肉による生き方によってもたらされる問題は）「私の権利、私の幸福、私の安全、私の感情、私の痛み、などである。しかし、それらはすべて自己中心的な考え方の現れであることに変わりはない。パウロは、利己的な生き方と態度は、個人そして共同体を崩壊させる「腐敗」をもたらすということを思い出させてくれる（6・8a）。それは破壊へとつながる道なのだ。」（172―173頁）明記してないが、私の聖霊体験を誇示することも下手すると教会を崩壊させる「腐敗」、破壊への道になり得る。「何よりも神の聖なる民は、そのただ中におられる神の愛を体現する御霊の共同体でなければならない。」（173頁）とあるが、これがタイトルにある『「肉の誘惑」への解毒剤』と言える。私の……、私の……、私の……、となりがちな肉の誘惑に対して、神との関係、共同体との関係をきちんと築いていくバランス感覚を持ち合わせながら、神の愛に生かされていく……そのことが大切なのだと思わされている。

第17章　エペソ書「世と肉と悪魔」に対抗する（ゴードン・トマス）　福音書、パウロ書簡とケント・ブロワーが書いていたがエペソ書はゴードン・トマスが書いている。「古いタイプのホーリネス説教の中には、人間の罪深さへの鍵は、「原罪」と呼ばれる先天的な霊的汚染物質であるという印象を伝えてきたものがある。」（174頁）ということで、本書において、スワンソン、マゴニカル、ブロワーと原罪の批判が続いていたが、トマスもここで批判している。原罪がどうこうというよりも、エペソ書において、罪の問題を「世、悪魔、肉」に注目して語っていることをトマスは述べる。（世において）「時代と場所の影響は過小評価してはならない要素である。……すべてのクリスチャンはこの時代に取り込まれてしまわないように、心の一新によって変えられ続けていく必要がある。」（178頁）という表現はトマスらしい。「福音は変わらないが文化は変わる」（上巻・3頁）とトマスは書き、世の影響を認めながら、その時代、その文化の中で神学をし福音を届けようとしているからだ。「私たちは明らかに、この世と肉と悪魔に対抗するために必要なすべての資源を持っているのだ！」（183頁）その文面自体には全く同意するのだが、その資源をどう活用していくのか、エペソ書本文のコピペ文章でなく、今の時代と場所の影響下で具体的にどうするのかを書いてほしかった。

第18章　ピリピ書「聖徒と市民」（ケント・ブロワー）

（ローマ市民としての）「この特権は、絶対的な忠誠を求めるものであり、ローマ植民地であるピリピにおいては「カエサルが主」であったのだ。」（185頁）本章はピリピ書に描かれている、ローマ市民として皇帝を主とするアイデンティティに生きるのか、天の市民としてイエスを主とするアイデンティティに生きるのか、の対比を描写する。「パウロがギリシア語の「市民としての責任」（英語聖書では訳されていないが〔訳注＝日本語でも訳されていない〕）を意味する語を用いて、「キリストの福音に生きる市民にふさわしく生活しなさい」（1・27）と語った理由がそれである。」（186頁）という表記は大変興味深い。日本語聖書ではくみ取りがたい本文のニュアンスを届けている。「キリストこそが私たちの生涯のモデルである。……クリスチャンの一致は、この「苦しみにあずかる」ことにある。キリストと苦しみをともにするということは、すなわちキリストの十字架に従うライフスタイルを生きることである。キリストに従う人々の生き方とは自らの利益ではなく、他者の利益を考え、自分を有利にするのではなく、他者が有利になるように行動し、自分の地位を心配するのではなく、同じ天の市民に属するグループのことを考える生き方である。」（189頁）長い引用をしたが、ローマ市民でなく、天の市民であることのアイデンティティが明確に表現されていると思う。その生き方へと不十分ながらも前のめりに生きていく……その大切さがわたしの内側に響いてきている。

第19章　コロサイ書「これらすべての上に、愛を着けなさい」（ケント・ブロワー）「キリストのうちに（in Christ）」は、クリスチャンのありかたについての、パウロのお気に入りの表現の一つである。パウロも述べているとおり、クリスチャンはキリストのうちに、キリストのからだのうちにのみ存在する。……個々のクリスチャンが集まったからキリストのからだができあがる、というわけではないのだ。むしろ、キリストのからだがまず先にあって、このキリストのからだに加わるかぎりにおいて、私たちはクリスチャンなのである。」（197頁）というブロワーの言葉は、個人主義的な信仰者には衝撃的な言葉かもしれない。「キリストにある」とか「キリストの内にある」というパウロ書簡にある表現を個人的なことと理解している人は結構いるのではないだろうか。そうではなく、「キリスト（の内）にある」のであるなら、キリストのからだに加わっているはずだと伝えている。共同体的な信仰がとても伝わってくる。本章の興味深いのは「パウロはなぜ人種差別や性差別、その他の抑圧などの社会的に不当な行為に正面から取り組まないのだろうか。」（202頁）という問いを出し、ブロワーなりに解答を書いていることだ。「第一に、パウロは確かに、当時の時代的背景に影響を受けているが、そのような中にあっても、人間のあらゆる階層を相対化した。……第二に、キリストの主権、そして、クリスチャンたちが互いに支え合ってキリストのうちにあることによって、その共同体内での階層への意識には前向きな変化が起こっていた」（202頁）という解答に納得もあれば、批判もあるかもしれない。パウロはある程度、差別を相対化し、教会内の階層の意識に変化が起こっていたと告げる。実際のパウロや当時の教会がどうであったかはさておき、現代の教会において、差別を強化していないか、そうではなく、差別をなくしていき、やがて社会変革に向かうにしてもまず信仰共同体の中で前向きな変化を起こしていく…その必要があることを痛切に感じた。

第20章　第一テサロニケ書「主の来臨のときに責められないように」（ケント・ブロワー）　「パウロは、「聖霊のバプテスマを受けることによって、神が愛を心に注いでくださるように」とは祈らない。」（212頁）というのは、きよめ派への伝統へのキツイ批判だと思う。本章はタイトルにあるように「主の来臨のときに責められないように」というところがポイントである。第一テサロニケにおいて「責められるところがない」という語が使われている3つの箇所からそのことを考察している。「責められるところがない」を「欠点がない」ではなく「誠実である」という意味でブロワーは語る。これは本書の特徴の一つであり、上巻53頁では、アブラハムの完全について、「誠実」(integrity)、同じく上巻119頁では、ヨブの完全について、「誠実」から説いている。どちらもドワイト・スワンソンの文章である。きよめ派が大切にしてきた「キリスト者の完全」を今の時代にどう生きるのか、非常に的を射た、かつバランスのとれた表現がなされていると思う。

第21章　牧会書簡「敬虔なライフスタイル」(ゴードン・トマス)「その目的は天国に行くことができる回心者をなんとか得る、ということではない。むしろ、「あらゆる働きに備えられた」(2・21) きよい働き手を育てようとしているのである。」(224－225頁) とあるように信じて救われればそれでいいのではなく、きよい働き手として成長することが望まれている。その意味で、「この聖化は霊的なエリートのものではなく、神に属するすべての人、つまりすべてのクリスチャンのものであるのだ。」(228頁) とあるように、聖化はクリスチャンのオプションではない。霊的なエリートのものでもない。すべてのクリスチャンのものであるのだ。そして、「どの牧師も、教会員の前で聖い生活を送ることによって、敬虔さを示す模範となることができる。」(225頁) とあるように、牧師(だけでもないと思うが……) は敬虔さを示す模範になることが望まれる。本章は、若い指導者テモテ、テトスを励ます書簡の骨子を聖化の視点で的確にまとめていると思う。

第22章　ヘブライ書1「キリスト者の完全」（ゴードン・トマス）　ここに来て、本書の上巻において、旧約聖書について多くの部分を書いてきたゴードン・トマスが、ヘブライ書から3つの章を記述する。それだけ、ヘブライ書は旧約聖書に描かれる犠牲との連続性があると言える。もちろん、浅野淳彦著『死と命のメタファー――キリスト教贖罪論とその批判への聖書学』（新教出版社）にあるように、パウロやパウロ以前のキリスト教が語っている内容とヘブライ書の内容で違いがあり、パウロやパウロ以前のキリスト教ではヘブライ書ほど神殿犠牲とキリストの十字架での死を結びつけていなかった、ということも福音理解としては大切だと思う。「ここでは、「完全」という語を「これ以上ないほど優れている」という意味ではなく、「目的に合っている」というヘブライ語本来の意味で理解することが助けになるだろう。」（234－235頁）という「完全」という言葉の定義が興味深い。どちらかというと「完全」を「誠実さ」として解釈してきた本書であるが、「完全」の意味の豊かさを教えてくれている。「人間はみな堕落しており、イエスもその堕落した人間の性質と誘惑とをすべて身に受けられた。にもかかわらず、イエスにおいてはその堕落した性質が罪へとつながることはなかった」（239頁）という表現は大変興味深い。イエスにも堕落した性質はあったのだ。そうでなければ、人間となったと言えない。にもかかわらず罪を犯さなかった、というのが完全な歩みと言えるし、先の引用からすれば「目的にあった」歩みをなさったと言える。「私は数年前から、キリストの犠牲の死（血によって象徴される）は私たちの良心を罪悪感からきよめるだけでなく、私たちの意識をも汚れからきよめてくれるのではないかという可能性に魅了されるようになった。」（233―234頁）についてはあとで述べることにしよう。

第23章　ヘブライ書２「完全へと向かう信仰者たち」（ゴードン・トマス）

「完全」と訳されているギリシア語は、「成熟」とも訳することも可能である。」（244頁）前章では、ヘブライ語の「完全」を「目的に合った」という訳の可能性が紹介されたが、本章ではギリシア語から「成熟」という意味も含むことが紹介されている。「本書では、関係概念を用いて聖化を紹介してきた。聖なるお方は神しかおられない（黙示録15・4）ので、人間の聖化はすべてこの聖なる神との正しい関係に依存することになる。」（250頁）この聖化理解は、コンパクトに要旨を告げる。人間は聖なる存在にはある意味なれない。ただ聖なる神との正しい関係ゆえに聖なのだ、と関係概念としての聖化を告げる。どんなに聖とされたとしても、神との関係が断たれれば、たちまち聖ではなくなる、ということになる。本章の最後に、聖化と完全の概念を、結婚式と結婚生活のアナロジーで語っている。確か、テオドール・ラニヨン著「*New Creation*」に書かれていたアナロジーだったと思う。結婚式を挙げて、結婚したなら、完全に夫婦なのだ。しかし、結婚生活が完全か？　というとそれはこれから築いていく進行中のものである。この夫婦関係を、神との関係に置き換えると、信じて神との契約関係に入るなら、完全に聖とされている、とも言える。しかし、信仰生活が完全か？　ということこれから築いていく進行中のものなのだ。前章の良心のきよめと意識のきよめに関してのことだが、ゴードン・トマスは祈りの中で癒しを起こったことを本章で書いているのだが（詳しくは本書を読んでほしい）、それは神との契約関係において聖とされ、信仰生活がよりよいものとされていく進行中のこととしても理解できるのではないかと思った（解釈しすぎかもしれないが……）。

第24章　ヘブライ書３「神との平和」に生きる（ゴードン・トマス）　本章は著者がドイツで語った説教が土台ゆえ、聖会説教のような内容になっている。「アマチュアのランナーであれば、チャリティーの資金を集めるために、ニワトリ、ピンクパンサー、マスタードの瓶などの着ぐるみを着てマラソンに参加することもあるかもしれない。しかし、真剣なランナーがそのようなことをしているのは見たことがない。」（254頁）とヘブル12・1の信仰という競走のイメージが語られる。「キリスト者が競走にあたって捨てなければならない罪とは何であろうか。……12章1節はゼロ・トレランス〔訳注＝徹底的な非寛容〕をもって臨む。捨てよ、取り除け！　と。」（256頁）と走るのにムダなものをそぎ落とす、罪を捨て去る大切が当たられる。しかし、競走のイメージは他人を蹴落とすという誤解も生みやすい。なので、「他の人を押しのけてまで聖化を追い求めることは、意味がないからだ。神との正しい関係に生きることと同じくらい、他の人との平和を求め、正しい関係に生きることは重要である。」（258頁）の言葉が聖化理解におけるバランスと配慮を感じる。ケント・ブロワーが述べていたように、聖化とは個人的なものでなく共同体的なものなのだ。

いよいよ感想も最終回となった（これまでのまとめも含めて、残り2章の感想を書いていきたい）。

第25章　ペテロ書「少数派の寄留者」へ（ゴードン・トマス）「一つの聖書個所にキリスト教の教え全体を背負わせる前に、私たちは二つの根本的な解釈学的問いを問わねばならない。／1　この問題について、聖書の他の箇所はどのように語っているか？／2　イエスの生涯や教えは、この問題にどのような光を当ててくれるか？」（264頁）

この解釈学的問いは本書の意味を明示する。つまり聖化とは何か？　もしかしたらそれは一つの聖書個所から単純化されてきたのかもしれない。その意味で、本書は聖書全体を見ようとそれぞれの書をピックアップし、聖化について論じてきた。そしてそこからイエスに焦点を当ててきた。聖書66巻全体から聖化とは何か？　を再発見する大切さを問いかけている。

個人的には本章での「欲とは何か？」の解答がわたしが伝えてきたNVC（非暴力コミュニケーション）でいうニーズと重なり合う解答で大変興味深かった。「欲とはもともと神から与えられたものであり、それゆえ本来的には善なるものであるということ。しかし、自己満足のために用いられるときに腐敗してしまうものである、ということだ。」（267−268頁）私自身、聖書とNVCを統合する上で語ってきたことではあるが、ゴードン・トマスがこのように解釈してくださっていることに親近感を覚えている。

「教会が自己満足や自分勝手な潮流に流され、世俗社会とも見分けがつかなくなってしまった現代において、聖い生き方を体現する手段として自制を呼びかけることは、実に時宜を得ていると言えるだろう。……ペトロの考えによると、キリストの再臨がキリスト者を聖化するのではなく、すでに聖化された者が再臨によって明らかにされるのである。聖化とは、〝今、ここ〟での問題だからだ。」（270頁）

聖化を〝今、ここ〟での課題と見るのは、下巻第23章の感想に書いた、聖化を関係概念として見て、聖なる神と〝今、ここ〟で関係が築かれているかが問われているとも言える。それは自己満足や自分勝手さに生きるのでなく、自制して聖い生き方を体現するよう、わたしたちは神に招かれている。欲、ニーズを自己満足のためだけに満たすのでなく、神との関係の中、共に生きるために満たしていく……それが聖化に生きる道だと思わされている。

第26章　第一ヨハネ書「罪と愛」（ドワイト・スワンソン）　「神との交わりとは、キリスト者（たち）のうちにある神の愛に住まうことであり、その愛のうちに生きることである。そして、それは互いへの愛において現わされるのだ。……罪とは、何であれ、神との交わりを妨げるあらゆるものである。」（281頁）本書は、第一ヨハネまでで完結する。できればヨハネ黙示録における聖化まで書いてほしかったが、致し方ない。先の引用は、第一ヨハネの聖化概念の結論でもあるが、本書における結論のようにも思える。

つまり「神との交わりは、キリスト者たちのうちにある神の愛に住まうこと」とあるように、個人的に神と交わればいいのではない。その愛はキリスト者たちのうちにあるのだ。信仰共同体と切り離されて神との交わりは語れない（もちろん、何かの都合で、独居房や無人島に1人で暮すことになれば、それはそれで神の愛は体験できると思うが、他者が周囲にいるなら、それは信仰共同体の中で神の愛を見出だすチャレンジがわたしたちにある、と言える）。

いくら神の愛を力づよく、確信をもって語ろうとも、神の愛は、信仰共同体の互いへの愛から現わされるものなのだ。ここに再発見された聖化がある。個人的に熱心に祈り求めたら、個人的に聖化されて完結なのではないし、一度聖化されたから、そのまま罪を犯さないわけでもない。信仰共同体の中で互いへの愛から神の愛が現わされていく必要がある。それはとても大きなチャレンジだ。

そして、「罪とは、なんであれ、神との交わりを妨げるあらゆるものである」とも述べられる。実際、教会は相互に愛し合って、神の愛があふれ出せるに越したことはないが、さまざまなことで妨げられてしまう。それを罪だと本章は語る。そのことに対峙し、神の愛が相互に現わされるように目指すこと。何よりもその愛を注ぎ続ける神の愛に、神の愛そのものの現れであるキリストに着目し続けることに聖化への道があると言える。

こうして、ぼくは『聖化の再発見・上下』の全ての章の感想を書いて、フェイスブックに四章ずつ投稿した。すると、大頭氏が「ぼくの本に載せたい」と言ってきた。「え〜っ!」と驚いたし、「紙媒体で載せる文章か?」とも思った。でも、今のきよめ派って、「結局、人って変わらないよね」というあきらめか、熱心に聖書をゴリ押しして人間疎外を生んでいるかでどちらにしてもイタイ状態になってないかって思いもある。改めて、聖書に真剣に向き合い、人と真摯に向き合うために、『聖化の再発見』は多くのヒント、気づきを与えるように思う。だから、こんなふうに読んでる人がいる、と伝わるなら、それも日本(ジパング)の宣教と聖化に貢献できるかもと思って掲載することにした。

感想を読んでくださり、ありがとうございます。できれば、『聖化の再発見・上下』を手にとってお読みください。そして、これをお読みのあなたといつの日か聖化について語り合えたらと願っています。

結構長文になりましたし、決して読みやすい感想でもないので、読んでくださった方はそんなにいないかなぁと思いつつ、ともかく最後まで読み、感想を書けたことを主に感謝しています。
そして本記事や以前の感想記事も読んでくださり、ありがとうございます！

購入は以下のサイトでどうぞ！
『聖化の再発見・上』　https://www.wlpm.or.jp/pub/?sh_cd=109913
『聖化の再発見・下』　https://www.wlpm.or.jp/pub/?sh_cd=109914

横田法路

小平牧生

石田聖実

岩上祝仁

錦織　寛

原田彰久

久保木　聡

焚き火を囲む仲間たちのプロフィール

横田法路（よこた・ぽうろ）1966年福岡生まれ。九州大学、東京聖書学院、英国セントアンドリューズ大学院（Ph.D）で学ぶ。日本イエス・キリスト教団 副委員長、福岡教会牧師。NPO九州キリスト災害支援センター理事長、関西聖書神学校講師。

小平牧生（こだいら・まきお）1958年、東京生まれ。基督兄弟団 ニューコミュニティ牧師。著書に『有能であるよりも、有益であることを』（いのちのことば社）。

石田聖実（いしだ・きよみ）1956.1.30 東京生まれ。明治学院大学文学部英文学科、東京神学大学神学部卒業、同大学院神学研究科修了。日本基督教団 諫早教会、尾陽教会を経て現在は鈴鹿教会牧師。鎮西学院高等学校、名古屋高等学校、金城学院高等学校の非常勤講師を経て、現在は名古屋学院大学非常勤講師。

岩上祝仁（いわがみ・のりひと）和歌山育ち。牧師家庭の三代目。大学卒業後、イムマヌエル聖宣神学院、アズベリセミナーで学ぶ。帰国後、久留米教会（福岡）、神戸教会で奉仕する。関西聖書神学校、聖宣神学院などでも教える（ウエスレー神学・キリスト者教育）。妻と二男・一女の五人家族。

錦織　寛（にしこおり・ひろし）東京聖書学院卒、米国タルボット神学校でキリスト教教育の分野で博士号（Ph.D）取得。現在、東京聖書学院院長、日本ホーリネス教団上池、東京中央、東京仲よし教会牧師。日本ホーリネス教団 次世代育成委員長。

原田彰久（はらだ・あきひさ）1963年宮崎県生まれ。中央大学卒業。在学中にキリスト者学生会（KGK）で活動。いのちのことば社勤務。東京神学大学、同大学院修了。日本基督教団 東京聖書学校 吉川教会牧師。東京聖書学校教授

久保木　聡（くぼき・さとし）1972年生。日本ナザレン教団 大阪桃谷教会牧師。ドリームパーティー共同発起人。著書に『オカリナ牧師の聖書ゆるり散歩』(いのちのことば社)。

大頭 眞一（おおず・しんいち）
1960年神戸市生まれ。北海道大学経済学部卒業後、三菱重工に勤務。英国マンチェスターのナザレン・セオロジカル・カレッジ（BA、MA）と関西聖書神学校で学ぶ。日本イエス・キリスト教団 香登教会伝道師・副牧師を経て、現在、京都府・京都信愛教会 / 明野キリスト教会牧師、関西聖書神学校講師。

主な著書:『聖書は物語る』(2013、2023[8])、『聖書はさらに物語る』(2015、2019[4])、共著:『焚き火を囲んで聴く神の物語・対話篇』(2017)、『アブラハムと神さまと星空と　創世記・上』(2019、2020[2])、『天からのはしご　創世記・下』(2020、2022[2])、『栄光への脱出　出エジプト記』(2021)、『聖なる神聖なる民　レビ記』(2021)、『何度でも 何度で 何度でも 愛　民数記』(2021)、『えらべ、いのちを　申命記・上』(2022)、『神さまの宝もの　申命記・中』(2023)、『いのち果てるとも　申命記・下』(2023 以上ヨベル)、『焚き火を囲んで聴く神の物語・聖書信仰篇』(2021、ライフストーラー企画)、『焚き火を囲んで聴くキリスト教入門』(2023、いのちのことば社)

主な訳書：マイケル・ロダール『神の物語』（日本聖化協力会出版委員会、2011、2012[2]）、マイケル・ロダール『神の物語　上・下』（ヨベル新書、2017）、英国ナザレン神学校著『聖化の再発見 上・下』（共訳、いのちのことば社、2022）

聖化の再発見 ―― ジパング篇

2024年2月10日 初版発行

編著者 ―― 大頭眞一と焚き火を囲む仲間たち

発行者 ―― 安田 正人

発行所 ―― 株式会社ヨベル　YOBEL, Inc.

〒113-0033 東京都文京区本郷 4-1-1-5F
TEL03-3818-4851　FAX03-3818-4858
e-mail：info@yobel. co. jp

装幀 ――ロゴスデザイン：長尾 優
印刷 ――中央精版印刷株式会社

定価は表紙に表示してあります。
本書の無断複写（コピー）は著作権法上での例外を除き、禁じられています。
落丁本・乱丁本は小社宛にお送りください。送料小社負担にてお取り替えいたします。

配給元 ―― 日本キリスト教書販売株式会社（日キ販）

〒162 - 0814　東京都新宿区新小川町 9-1
振替 00130-3-60976　Tel 03-3260-5670

© 大頭眞一 , 2024 Printed in Japan　ISBN978-4-911054-12-3 C0016

ヨベルの既刊書（税込）

李信建著　朴昌洙訳　**キリスト教神学とは何か**　組織神学入門

キリスト教神学は現代世界を覆っている数々の難題に、いかに答えていけるか。
筆者が40年以上にわたり、読んできた書物の重要な内容をそのまま含ませたものであり、神学の宝、信仰の栄養補助薬品・健康食品である。本邦初訳！。

四六判・三九二頁・二二〇〇円　ISBN978-4-909871-16-9

李信建著　朴昌洙訳　**こどもの神学**　――　神を「こども」として考える

神さま、どうか「こども」のようになってください。そしてあなたの子どもたちを助けてください。
子どもたち、とりわけ、暴力や虐待にさらされてきた数え切れないほどの子どもたちにとって、神とは一体何ものなのか？　現代韓国社会の最前線に立ち尽くしての根源的な問いの果てに一人の神学者が辿り着いた、「神こそ子どもである」という思想、その斬新なる全貌を初邦訳。

四六判・三二八頁・一九八〇円　ISBN978-4-909871-98-5

山口里子著　**マルコ福音書をジックリと読む**　――　そして拓かれる未来の道へ

福音書のマルコの思いと、その基にあるイエス自身の思い・行動を、学び考える。
聖書を原語で読み、時代背景を学ぶ。古代エリート男性の父権制的な価値観が、福音書著者たちも浸み込みつつ抵抗もして編集した。現代の私たちはそれをどう読むか――。この難問に、公開講座の仲間たちとともに学び、様々な人生経験と豊かな思いを分かち合う――。マルコ福音書読解の希有な情報共有！

A5判・三二八頁・二七五〇円　ISBN978-4-909871-83-1

info@yobel.co.jp　Fax 03-3818-4858　http://www.yobel.co.jp/

ヨベルの既刊書（税込）

ヨーロッパ思想史 金子晴勇著 **「良心」の天路歴程――隠れたアンテナ効果とは？**

〝天上への道は良心のそれである〟M・ルター。〈良心〉は、単に道徳意識の源泉であるにとどまらず、人間の生存と存在の根源―霊性―に深く根を下しているのではないか？ 古今東西の宗教、哲学、文学における著者ならではの縦横無尽なフィールドワークの集積によって新たな「良心論」が誕生！

四六判上製・二九六頁・一九八〇円 ISBN978-4-909871-97-8

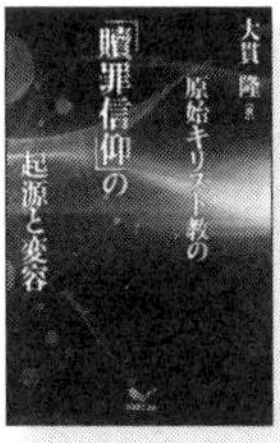

大貫 隆著 **原始キリスト教の「贖罪信仰」の起源と変容**

贖罪信仰そのものが、いまだ議論と再検証の卓上に置かれている！

イエスは人類の罪を贖うため身代わりとなって神に裁かれ十字架で死なれた―この〝贖罪〟を「キリスト教信仰の要諦」とする考えは、何を、何処を起源とし、いかなるプロセスを経て変容・発展・定着してきたのか―。神概念と共に、今なお謎に満ち、議論の渦中にある贖罪信仰の核心に迫り、キリスト教の再構築を静かに促す。

四六判上製・三〇四頁・一九八〇円 ISBN978-4-909871-94-7

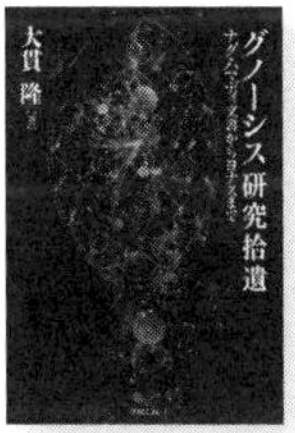

大貫 隆著 **グノーシス研究拾遺**――ナグ・ハマディ文書からヨナスまで

拾遺―今まで漏れ落ちていたものを拾い集めて補うこと。これほど似つかわしい言葉があろうか。グノーシス主義の探究は新約聖書研究にとって不可欠・不可分の関係にあるとの信念から日本のグノーシス研究を長く牽引してきた著者が、ナグ・ハマディ文書の全体像からH・ヨナスの労作『グノーシスと古代末期の精神』までを改めてつぶさに逍遥し、グノーシス研究の道行きに散りばめられていた智の欠片を拾い集めた待望の書。

四六判上製・三六八頁・二七五〇円 ISBN978-4-909871-88-6

info@yobel.co.jp Fax 03-3818-4858 http://www.yobel.co.jp/

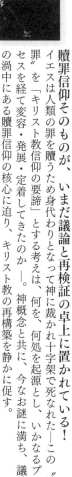

ヨベルの本（税込表示）

エーティンガー著　喜多村得也訳　聖なる哲学　キリスト教思想の精選集

ドイツ敬虔主義著作集　第8巻　信仰の根底は、神の言葉としての聖書！　18世紀ドイツを席巻した理性万能の諸哲学や観念論に敢然と立ち向かい、愚直なまでに聖書とその生命の御言葉に基づく哲学――〈聖なる哲学〉の探究に生涯をささげたF・C・エーティンガー。その希少な精選集であると共に、著者を長年私淑・研究してきたが自身の〈白鳥の歌〉ともなった記念碑的出版。

四六判上製・二八八頁・二二〇〇円　ISBN978-4-911054-07-9

日本基督教団 戸山教会牧師　西谷幸介著　「日本教」の極点　母子の情愛と日本人

「ヨイトマケの唄」を聴くと涙が止まらないのは、なぜ？　日本には、神道でも、仏教でも、キリスト教でもなく、「日本教」というただひとつの宗教が存在しているに過ぎないのか。人々の意識や宗教観に織り込まれた「母子の情愛」と、そこから見える日本社会の深層を、現代の一キリスト者である著書がたどる――。

改題改訂増補版！　新書判・二四〇頁・一四三〇円　ISBN978-4-909871-96-1

ドイツ文学　下村喜八著　苦悩への畏敬　ラインホルト・シュナイダーと共に

シュナイダーが生きているかぎり、ドイツは良心をもっている。ナチス政権下にあってドイツの良心そのものを生きた詩人であり、思想家であったシュナイダー。深い敬慕を込めて辿る。著者のキリスト教理解を根底から一変させたその生き様に倣い、キリストを仰ぎ、この時代と闘う。

四六判・二五六頁・一八七〇円　ISBN978-4-909871-95-4

info@yobel.co.jp　Fax 03-3818-4858　http://www.yobel.co.jp/

ヨベルの本（税込表示）

ヨーロッパ思想史　金子晴勇著　**東西の霊性思想**　**キリスト教と日本仏教との対話**

ルターと親鸞はなぜ、かくも似ているのか。
キリスト者が禅に共感するのはなぜか。

「初めに神が……」で幕を開ける聖書。唯一信仰に生きるキリスト教と、そもそも神を定立しないところから人間を語り始める仏教との間に対話は存在するのか。多くのキリスト者を悩ませてきたこの難題に「霊性」という観点から相互理解と交流の可能性を探った渾身の書。

2版　四六判上製・二八〇頁・一九八〇円　ISBN978-4-909871-536-4

富田正樹著　**疑いながら信じてる50**　**新型キリスト教入門　その1**

私は疑いながら信じています。キリスト教を信じる人たち（クリスチャン）の中には疑いなど全く抱かずに、まるっきり無邪気に信じ込んでしまっている人がいます。それはそれで結構……どう展開する!?

ガチガチに凝り固まった「唯一の」「正しい」教義に疑問を感じている人には、きっと興味深いものになるはずです。どうぞ、「疑いながら信じる」ひとりのクリスチャンの頭の中へとお入りください。

重版出来！　四六判・一九二頁・一五四〇円　ISBN978-4-909871-90-9

ルイ・ギグリオ著　田尻潤子訳　**「敵《ヤバイ奴》」に居場所を与えるな**　**あなたの人生を変える―詩編23編からの発見**

「死の影の谷」だけじゃない！　「あなたは敵の見ている前で、わたしのために食事を調え……」（詩編23・5フランシスコ会聖書研究所訳）「そんなのムリ」「逃げ道はない」「あっちのほうがよかった」……こうした思いがあなたの「敵」ヤバイ奴（誘惑する者）なのだ！　主とあなたの食卓（食事の席）に「敵」を着かせてはならない。

四六判上製・二四六頁・一八七〇円　ISBN978-4-909871-41-1

info@yobel.co.jp　Fax 03-3818-4858　http://www.yobel.co.jp/

ヨベルの本（税込表示）

【ヨーロッパ思想史】

金子晴勇　キリスト教思想史の諸時代　別巻2

アウグスティヌスの『三位一体論』を読む

若き日の取り組みから70年を経て、ついに完成した『三位一体論』の詳細なコメンタリー。古代キリスト教最大の成果であるこの教義を「カリタス＝聖い愛」の本性から解明した書。

2024年2月刊行　【最終回配本】　新書判・二七二頁・一三二〇円

全巻7巻別巻2 完結！

各巻平均二六四頁
一三二〇円（税込）
（本体一二〇〇円＋税）

キリスト教思想史の諸時代［全7巻別巻2］

Ⅰ　ヨーロッパ精神の源流［既刊　2刷］
Ⅱ　アウグスティヌスの思想世界［既刊　在庫僅少］
Ⅲ　ヨーロッパ中世の思想家たち［既刊］
Ⅳ　エラスムスと教養世界［既刊］
Ⅴ　ルターの思索［既刊］
Ⅵ　宗教改革と近代思想［既刊］
Ⅶ　現代思想との対決［既刊］
別巻1　アウグスティヌスの霊性思想［既刊］
別巻2　アウグスティヌス『三位一体論』を読む

金子晴勇　わたしたちの信仰

その育成をめざして

聖書、古代キリスト教思想史に流れる神の息吹、生の輝きを浮彫！　アウグスティヌス、ルター、エラスムスらに代表されるキリスト教思想史。その碩学が、ひとりのキリスト者として、聖書をどのように読んできたのか、信仰にいかに育まれてきたのかを優しい言葉でつむぎなおした40の講話。　新書判・240頁・1,210円 ISBN978-4-909871-18-3

info@yobel.co.jp　FAX03−3818−4858　http://www.yobel.co.jp/

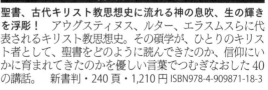